W0089958

KURT KOCH

Bereit zum Innersten

KURT KOCH

Bereit zum Innersten

FÜR EINE KIRCHE,
DIE DAS GEHEIMNIS LEBT

HERDER

FREIBURG · BASEL · WIEN

Umschlaggestaltung: Finken & Bumiller, Stuttgart
Umschlagmotiv: S. Vitale, Ravenna, Dekor des Triumphbogens

Alle Rechte vorbehalten – Printed in Germany
© Verlag Herder Freiburg im Breisgau 2003
www.herder.de
Druck und Bindung: fgb · freiburger graphische betriebe 2003
www.fgb.de
Gedruckt auf umweltfreundlichem,
säurefrei gebleichtem Papier
ISBN 3-451-28112-0

INHALT

VORWORT

Die Kirche steht heute in der großen Spannung zwischen Management und Spiritualität, zwischen Organisationsentwick- lung und Glaubensvertiefung. Beide Wirklichkeiten gehören verschiedenen Welten an und haben doch miteinander zu tun. Auf der einen Seite ist Management in der Kirche ein Widerspruch in sich selbst. Denn die Grundsendung der Kirche besteht darin, gefügiges Instrument für das Heilswirken des Geistes Gottes in den Herzen der Menschen zu sein. Dieser Geist weht aber, wo, wann und wie er will. Deshalb ist es ein unmögliches Unterfangen, ihn planen, berechnen oder managen zu wollen. Gemäß biblischer Verheißung ist zudem bei Gott kein Ding unmöglich. Wir haben deshalb guten Grund, gegen alle menschliche Hoffnungslosigkeit für die Zukunft der Kirche mehr zu erhoffen, als menschlich erwartbar, voraussehbar und planbar ist. Auf der anderen Seite aber setzt nach christlicher Überzeugung die Gnade die Natur und der Glaube die Vernunft voraus. Deshalb ist auch in der Kirche Management – freilich innerhalb der von ihrer Sache her gegebenen Grenzen – verpflichtend und notwendig, zumal angesichts ihrer für die Seelsorge schwierig gewordenen Situation.

Ist Kirche planbar? Diese Frage ist in den heutigen kirchlichen Auseinandersetzungen zu einer wichtigen Leitfrage geworden. Innerkirchliche Probleme pastoralorganisatorischer und kirchenstruktureller Art stehen weithin im Vordergrund der Aufmerksamkeit. Dagegen ist gewiss nichts einzuwenden. Andererseits aber kann dadurch der Eindruck entstehen, dass wir heute so sehr mit der Innenarchitektur der Kirche beschäftigt sind, dass wir uns nicht mehr in genügender Weise der Glaubensfundamente der Kirche vergewissern. Jeder Architekt weiß aber, dass es gefährlich wird, wenn die Fundamente eines Gebäudes nicht mehr im Lot sind. Auch in der Kirche scheint mir heute die Frage unaufschiebbar, wie es um ihre Fundamente steht. Sind sie nicht ins Wanken geraten?

In dieser Situation gehört zu einer glaubwürdigen Verantwortung des Glaubens vor allem der Tauchgang in seine unauslotbare Tiefe. Die Verkündigung muss sich deshalb in froher Entschiedenheit den Grundwahrheiten des Glaubens zuwenden, die sich gerade in allen Dunkelheiten und Wirrnissen des gegenwärtigen Lebens als leuchtend und befreiend erweisen. Diese anspruchsvolle Aufgabe kann sich freilich nicht als Alternative zu den notwendigen kirchensoziologischen und organisationsentwicklerischen Fragen verstehen, sondern vielmehr als notwendige Voraussetzung. Wenn wir in diesen Bereichen das Äußerste tun, müssen wir zugleich auch »bereit zum Innersten« sein. Oder, um es mit KARDINAL KARL LEHMANN zu sagen: »Es ist Zeit, an Gott zu denken.«

Darin lag bereits das Grundsatzprogramm des Zweiten Vatikanischen Konzils, das vor allem in seinen vier grundlegenden Konstitutionen vor Augen tritt: Dass die Konstitution über die heilige Liturgie am Anfang stand, macht sichtbar, dass in der Kirche am Anfang die Anbetung und damit Gott steht. Dass die Kirche sich von dem Auftrag, Gott zu verherrlichen, herleitet, kommt in der Dogmatischen Konstitution über die Kirche zum Ausdruck. Die dritte Konstitution über die göttliche Offenbarung handelt vom lebendigen Wort Gottes, das die Kirche zusammenruft und sie zu jeder Zeit neu belebt. Wie die Kirche das von Gott empfangene Licht in die Welt hinein bringt und so die Verherrlichung Gottes vollendet, ist schließlich das Thema der Pastoralkonstitution über die Kirche in der Welt von heute. In Treue zum Konzil dienen wir dann einer guten Zukunft der Kirche, wenn alles Reden in der Kirche der einen Rede von Gott eingeordnet wird.

Diesem Anliegen ist das vorliegende Buch verpflichtet. Es greift Grundworte unseres Glaubens auf, um für eine Kirche zu werben, die das Geheimnis lebt und Freude am Glauben weckt. Die Anregung zu diesem »Geistlichen Lesebuch« ging vom Verlag Herder aus. Herr Dr. Ulrich Sander hat sowohl die Konzeption des Buches entworfen als auch die Auswahl aus meinen Texten getroffen. Dafür bin ich ihm zu großem Dank verpflichtet. Ich hoffe, dass die vorliegenden Meditationen den von mir erwünschten Dienst an der Freude unseres Glaubens leisten und der Ermutigung der Leser und Leserinnen dienen können.

Solothurn, am Gedenktag der heiligen Theresia von Jesus 2002

+ KURT KOCH
Bischof von Basel

EINTAUCHEN IN DEN URSPRUNG

Die Taufe leben

Wer die Erde zum Himmel machen will,
macht sie zuverlässig zur Hölle.

Odo Marquard

I DER GLAUBE

Von der Verlässlichkeit des Himmels und der Treue zur Erde

Eine Fabel weiß von zwei grundverschiedenen Vögeln zu erzählen. Der eine Vogel liegt auf dem Rücken, die Beine starr gegen den Himmel gestreckt. Der andere Vogel fliegt vorbei, sieht diese eigenartige Position des ersten Vogels und fragt verwundert:»Was ist denn nur mit dir los? Warum liegst du auf dem Rücken und streckst die Beine so starr nach oben gegen den Himmel?« Der erste Vogel antwortet:»Ich muss den Himmel mit meinen Füßen tragen. Wenn ich sie zurückziehe, stürzt der Himmel ein.« Kaum hat er dies gesagt, geht ein Windstoß durch den Baum. Ein Blatt löst sich und fällt raschelnd zu Boden. Erschrocken dreht sich der Vogel um und flieht davon, so schnell wie er nur kann. Der Himmel aber bleibt an seinem Ort – bis auf den heutigen Tag.

Vom Himmel getragen oder den Himmel selbst machen?

Die Fabel will gewiss keine ornithologischen Kenntnisse vermitteln. Fabeln richten sich an uns Menschen und fordern uns heraus. Die Fabel von den zwei Vögeln stellt uns die Frage, in welchem der beiden wir uns wiedererkennen: Im ersten Vogel, der meint, den Himmel selbst tragen zu müssen und es auch zu können, oder im zweiten Vogel, der sich vom Himmel tragen lässt. Zwischen beiden Vögeln liegt ein, im buchstäblichen Sinn, »himmelweiter« Unterschied.

Im heutigen Lebensgefühl feiert der erste Vogel zweifellos Hochkonjunktur, der meint, selbst den Himmel tragen zu wollen und es auch zu können, auch wenn er nur wegen eines Windstoßes und des dadurch ausgelösten Raschelns eines einzigen Blattes zu Tode erschrickt und sich aus dem Staub macht. Die Erfahrung zeigt, dass Menschen, die nach den Sternen am Himmel greifen, plötzlich aus allen Wolken fallen. Und die Erfahrung zeigt ebenso, dass Menschen, denen der religiöse Himmel verschlossen ist, in der Versuchung stehen, den Himmel gleichsam auf Erden zu suchen und errichten zu wollen.

Durch die ganze Neuzeit hindurch zieht sich der immer wieder neue Versuch, den Himmel selbst in die Hand zu bekommen, und zwar in der Angst des ersten Vogels, dass der Himmel sonst einstürzen würde. Ganze Generationen haben gemeint, himmlische Zustände auf Erden errichten zu können: sei es das rote Paradies auf Erden im Kommunismus oder sei es das »Tausendjährige Reich« des Nationalsozialismus. Die Geschichte des zwanzigsten Jahrhunderts lehrt aber, dass Menschen und Gesellschaften, die den Himmel auf Erden selbst machen wollten, schnurstracks in der Hölle des Totalitarismus und des Terrorismus gelandet sind. Aus diesen historischen Erfahrungen hat der Gießener Philosoph ODO MARQUARD mit Recht den Schluss gezogen: »Wer die Erde zum Himmel machen will, macht sie zuverlässig zur Hölle.« Wäre es da nicht gut und heilsam, die christliche Glaubenserfahrung neu buchstabieren zu lernen, dass wir uns selbst vom Himmel getragen wissen dürfen und dass wir deshalb davon befreit sind, selbst den Himmel auf Erden machen zu müssen?

Im Evangelium sagt Jesus unmissverständlich, dass nicht der Mensch für den Sabbat da ist, sondern der Sabbat für den Menschen. Die sabbatliche Ruhe des Menschen im Vom-Himmel-getragen-Sein kommt vor aller Leistung des Menschen. Der kategorische Imperativ zum Handeln folgt dem kategorischen Indikativ der Zusage Gottes. Dieser Indikativ der Verheißung Gottes geht dem Imperativ zum menschlichen Handeln immer voran.

Am Beginn der Neuzeit hat uns RENÉ DESCARTES gelehrt und haben wir gelernt: »Cogito, ergo sum.« – »Ich denke, also bin ich.« Der christliche Glaube hingegen spricht uns eine tröstlichere Wahrheit zu: »Amor, ergo sum.« – »Ich werde geliebt, und zwar von Gott, also bin ich.« Es tut uns gewiss gut, uns diese Zusage immer wieder gefallen zu lassen, dass wir uns – wie der zweite Vogel in der Fabel – vom Himmel getragen wissen und in der Atmosphäre der Liebe Gottes geborgen fühlen dürfen.

Glauben als Kredit des Lebens

Eine solche Lebenshaltung heißt »glauben«. Dazu fordert die biblische Botschaft heraus, indem sie uns eine »Wolke von Zeugen« (Hebr 12,1) als Vorbild vor Augen stellt und uns einlädt, Nachahmer derer zu werden, »die aufgrund ihres Glaubens und ihrer Ausdauer Erben der Verheißungen sind« (Hebr 6,12). Der in der alltäglichen Sprache vorherrschende Umgang mit dem menschlichen Urwort »glauben« lässt freilich vom tiefen Sinn dieses Wortes nur wenig spüren. Sehr oft reden wir vom »Glauben« in jenem blassen Sinn, der die größte Wahrscheinlichkeit einer Meinung zum Ausdruck bringt: »Ich bin zwar nicht sicher, ob morgen wieder die Sonne scheinen wird, aber ich glaube es.« Oder dieses Wort wird gebraucht, um auszudrücken, dass man etwas für wahr hält, wiewohl man davon nicht überzeugt ist, sei es aus Bequemlichkeit des eigenen Denkens oder sei es aufgrund mangelnder Beweise: »Ich vermag die Sache zwar nicht zu durchschauen, ich muss sie eben glauben.«

Dieser blasse und entleerte Sinn kann unmöglich gemeint sein, wenn von Glauben im christlichen Sinn als Verhältnis des Menschen zu Gott die Rede ist. Die alltagssprachliche Bedeutung versachlicht, was ursprünglich in personalen Erfahrungen beheimatet ist: Das deutsche Wort »glauben« und das englische »to believe« meinen eigentlich »lieben« und »loben«, sich einem anderen in liebender Zuneigung und herzlicher Hingabe vertraut machen. In einen ähnlich personalen Lebenszusammenhang verweist auch das lateinische Wort »credere«, das zusammengesetzt ist aus »cor« (Herz) und »dare« (geben) und damit bedeutet, sein Herz und sein ganzes Vertrauen schenken.

Glauben meint den Kredit, den ein Mensch einem anderen schenkend anvertraut, auf den er sich voll und ganz verlässt und an den er gleichsam sein ganzes Herz hängt. Denn menschliches Vertrauen bedarf eines Kontos, auf dessen Inhaber es absolut bauen kann. Deshalb kommt alles auf die Verlässlichkeit dessen an, auf den ein Mensch sich verlässt und dem er sich anvertraut. Denn wer sich auf vordergründigen Trug verlassen will, der ist im buchstäblichen Sinn verlassen. Wer sich nicht selbst verlässt und sich nicht festmacht in dem Einen, der unerschütterlich verlässlich und unbeirrbar treu ist, wird keinen Bestand haben können. Sich selbst aus der eigenen Hand zu geben und sich restlos in die Hand eines anderen fallen zu lassen, ist letztlich nur Gott dem Vater gegenüber möglich, der zu seinen Verheißungen treu steht. Denn nur Gott vermag der chronischen Angewiesenheit von uns Menschen auf eine absolute Vertrauenswürdigkeit zu entsprechen und damit der unendlichen Sehnsucht von uns Menschen gerecht zu werden.

Glauben heißt, dass der Mensch sein Lebenszentrum nicht in sich selbst findet, sondern dass er sich selbst verlässt und sich festmacht in der Tiefe seines Lebens, die nur Gott sein kann. Dieser Akt des Glaubens als Sichverlassen entspricht genau dem ekstatischen Wesen aller geistigen Erfahrung, in der wir ebenfalls jenseits unser selbst sind. Damit wird nicht nur deutlich, dass das Christsein radikales und vollendetes Menschsein ist, sondern es wird auch einsehbar, dass Glaubenkönnen das größte und sensibelste Werk des Heiligen Geistes in uns Menschen ist. Im Glaubensvollzug zeigt sich am deutlichsten, dass der Mensch jenes Lebewesen ist, das in der Welt jenseits seiner selbst lebt, weil es sein bergendes Zentrum in Gott findet.

Vom Himmel getragen und mit den Beinen am Boden

Diese Tendenz, über sich selbst hinausgehoben zu werden, verspürt der Mensch immer wieder in sich. Der glaubende Mensch weiß, dass dies in der Kraft des Heiligen Geistes geschieht. Der Heilige Geist hebt den Menschen im Glauben über sich selbst hinaus, und zwar in einer Art und Weise, die dem Leben dient und das Leben bejaht. Der Heilige Geist weckt in uns Be-Geist-erung für das Leben. Und diese wird wirksam und greifbar in der Liebe.

Auch die Liebe besteht im Kern darin, dass sie den Menschen über sich hinaus hebt zur Teilnahme am ewigen Leben Gottes selbst. Liebe ist mehr als eine bloß menschliche Verhaltensweise. Liebe ist Gottes eigene Wirklichkeit und Kraft, die den Menschen über seine eigene Beschränktheit hinaushebt. An dieser schöpferischen Dynamik der göttlichen Liebe nimmt der liebende Mensch teil und wirkt selbst schöpferisch. Solche Liebe ist nie nur das Tun des Liebenden selbst. In der Liebe erfährt sich ein Mensch über sich selbst hinausgehoben in den Liebesgrund des Geistes Gottes, der die Mutter wahrer Begeisterung ist.

Das Leben des Glaubens in der Trunkenheit des Heiligen Geistes nimmt der Nachfolge und dem gestaltenden Handeln in der Welt keineswegs ihren Ernst. Vielmehr führt es notwendigerweise in die Treue zur Erde zurück. Freilich gilt auch umgekehrt: Unsere Treue zur Erde hat ihr wahres Fundament in unserer Treue zum Himmel. Denn wer darum weiß und erfährt, dass er vom Himmel getragen ist, der bekommt seinen Rücken frei zum aufrechten Gang, der steht mit beiden Beinen auf dem Boden und dessen Hände und Füße sind frei, um sich anderen Menschen zuzuwenden, besonders denen, die es dringend nötig haben.

Die wahre Blickrichtung des Glaubens geht zunächst in den Himmel, schaut von dort aber auf die Erde zurück. Diese doppelte Blickrichtung gibt unserem Leben Weitsicht und stellt uns vor die entscheidende Alternative: Entweder sind wir überzeugt, dass es keinen Himmel über uns gibt, dann bleibt uns nur, uns mit der Endlichkeit unserer Welt tapfer oder resigniert abzufinden und uns zu Dauernörglern am real existierenden Leben zu entwickeln. Oder wir glauben, dass wir vom Himmel getragen sind, dann gewinnt unsere Welt einen neuen und größeren Horizont. Dieser weite Horizont wird im christlichen Glauben eröffnet und geschenkt. Denn der Glaube bewahrt vor der Weltflucht genauso wie vor der Weltverfallenheit. Der Glaube sympathisiert weder mit einer Vertröstung auf das Jenseits noch mit einer Vertröstung mit dem Diesseits. Der Glaube lädt ein, treu zur Erde und treu zum Himmel zu sein, oder noch präziser: treu zur Erde, weil treu zum Himmel. Der Glaube ermuntert uns, nicht wie der erste Vogel zu leben, der meint, den Himmel selbst tragen zu müssen, und der doch wegen des Geräusches eines Blattes so maßlos erschrickt, dass er Reißaus nimmt. Der Glaube stellt uns vielmehr die wunderschönen Kunstflüge des zweiten Vogels vor Augen, der sich vom Himmel getragen weiß und sich ihm überlässt. Und der Glaube spricht uns vor allem die Verheißung zu, dass der Himmel »bis auf den heutigen Tag« an seinem Ort bleibt.

Die Taufe verbindet ein fragmentarisches und
unabgeschlossenes Menschenleben mit der Fülle des Lebens
und der vollkommenen Herrlichkeit Gottes.

Jürgen Moltmann

2 DIE TAUFE
Von einem Ja ohne Nein

Es ist lohnenswert, sich in einer stillen Stunde darauf zu besinnen, welche Worte in unserem Leben vorwiegen: Ob es das kleine Wort »Ja« oder das ebenso kleine Wort »Nein« ist. Diese Besinnung ergibt nicht bloß ein mathematisches Zahlenverhältnis. Es könnte dabei unendlich viel mehr zum Vorschein kommen, nämlich das tiefste Geheimnis unseres Lebens. Denn in den kleinen Worten »Ja« oder »Nein« liegt jeweilen eine ganze Welt verborgen.

Zuspruch und Anspruch im alltäglichen Leben

Was meinen wir, wenn wir »Ja« sagen? Was ereignet sich dabei? Und bei welcher Gelegenheit ist dieses Wort fällig? Wir sagen wohl kaum von vorneherein zu jedem Menschen »Ja«, sondern vor allem zu denjenigen Menschen in unserem unmittelbaren Lebenskreis, mit denen wir in besonderer Weise verbunden sind. Bejaht zu werden ist ein elementares Urbedürfnis von uns Menschen. Denn das »Ja« ist ein Wörtlein, das Gemeinschaft stiftet. Es ist ein Wort, das beschenkt und bereichert: Wir sind bejaht, nicht mehr allein, wir sind mehr und sehr viel reicher geworden.

Was geschieht umgekehrt beim »Nein«? Und bei welcher Gelegenheit trifft dieses Wort zu? Wohl überall dort, wo Menschen sich einander nichts mehr zu sagen haben und deshalb nichts miteinander zu tun haben wollen und wo sie sich an demselben Mittagstisch totschweigen. Das »Nein« ist so das traurige Gegenteil und Gegenwerk zum »Ja«. Das Wörtlein »Nein« bedeutet Vereinsamung und Alleinsein. Wir sind im Stich gelassen und damit um vieles ärmer geworden.

Das »Ja« stiftet Gemeinschaft und eine Atmosphäre des Vertrauens. Das »Nein« hingegen vereinsamt und tötet. Wer wollte bestreiten, dass beide Worte handfeste Realitäten in unserem Leben sind? Das Verhältnis der beiden Worte macht dabei die Grundstimmung unseres Lebens aus, ob wir nämlich mehr die Bejahten und Beschenkten sind oder mehr die Vereinsamten und Alleingelassenen. Auch wenn wir dieses Verhältnis nie genau bestimmen können, spüren wir dennoch, dass sich darin ein Gegenspiel von befreiendem »Ja« und todernstem oder gar tödlichem »Nein« ausspricht. Von daher stellt sich früher oder später die lebenswichtige Frage, welches der beiden Worte endgültiger und siegreicher ist: Hat das »Ja« oder das »Nein« das letzte Wort in meinem Leben?

Täglich müssen wir zu anderen Menschen »Ja« sagen, und täglich sind wir selbst darauf angewiesen, dass Menschen zu uns »Ja« sagen. Doch wir Menschen pflegen immer wieder ein »Vielleicht« dazuzufügen, ein »Ja, aber«, ein »Wenn und aber« und damit ein halbes »Jein«. Von daher kommen Bitterkeit und Wehmut in unserem Leben auf. Es ist nur allzu gut verständlich, dass wir Menschen uns im Grunde unseres Herzens nach nichts mehr sehnen als danach, einmal doch endgültig und ohne Vorbehalte, ohne »Vielleicht« und »Aber« bejaht zu werden.

Wer von uns aber kann sich das leisten, ohne Vorbehalte und uneingeschränkt »Ja« zu sagen zu einem anderen Menschen? Aus eigener Erfahrung wissen wir es nur allzu gut, dass wir uns dies so oft gar nicht leisten können und vielleicht auch nicht dürfen. Denn bei uns Menschen bleibt immer ein Vorbehalt übrig. Wir leben nun einmal in einer Welt von »Wenn und aber« und gerade heute auch in einer Kirche voller »Vielleicht«. Und wir Menschen selbst zeigen uns immer wieder als Wesen voller »Jein«.

Bejahender Zuspruch des Glaubens

Im Kontrast zu diesen menschlichen Erfahrungen leuchtet die Botschaft des christlichen Glaubens auf: »Gott ist treu, er bürgt dafür, dass unser Wort euch gegenüber nicht Ja und Nein zugleich ist. Denn Gottes Sohn Jesus Christus... ist nicht als Ja und Nein zugleich gekommen; in ihm ist das Ja verwirklicht. Er ist das Ja zu allem, was Gott verheißen hat« (2 Kor 1,18-20a). Damit spricht Paulus die Kernmitte unseres christlichen Glaubens an: Was sich kein Mensch leisten kann, das leistet sich Gott. In eine Welt voll »Wenn und aber«, in eine Kirche voller »Vielleicht« und zu uns Menschen voller »Jein« sagt Gott sein vorbehaltloses, uneingeschränktes, endgültig-gültiges »Ja«. Gottes Wort ist wirklich »Ja«, und deshalb ist auf ihn ebenso wirklich Verlass. Wie ernst und konkret Gott selbst zu uns Menschen »Ja« sagt, hat er in Jesus Christus gezeigt; und darin liegt die Grundverheißung des christlichen Glaubens: Vor Gott wird jeder Mensch vollends zum Menschen, weil Gott jeden Menschen vorbehaltlos annimmt und jeden Menschen endgültig bejaht.

Dieses göttliche Geschehen hat dabei einen spezifischen Ort, nämlich die Taufe. In ihr hat uns Gott bejaht und als seine Töchter und Söhne angenommen. Hier hat er uns bei unserem persönlichen Namen gerufen und sich uns namentlich zugewendet. Das große »Ja«, das Gott an Ostern zu seiner ganzen Schöpfung gesprochen hat, buchstabiert er gleichsam als kleines »Ja«, das er zu jedem Einzelnen persönlich sagt. Dieses kleine »Ja« Gottes wird für den einzelnen Menschen fällig in seiner Taufe. In der Taufe ereignet sich das ganz persönliche Ostern für den einzelnen Menschen.

Ostern und Taufe gehören so unlösbar zusammen, dass wir immer wieder eingeladen und herausgefordert sind, die elementarste Tatsache zu bedenken, dass die Taufe dem einzelnen Menschen gespendet wird – ausgerechnet jenem Einzelnen, der in der Anonymität der Massengesellschaft unterzugehen droht. Zu diesem einzelnen Menschen sagt Gott in der Taufe sein unverbrüchliches »Ja«. Mit der Taufe ist die frohe Verheißung verbunden, dass das Leben des Menschen untrennbar und unveräußerlich auf die Seite Gottes gehört und in Gottes Hand geborgen ist. Die Taufe ist das öffentliche Zeichen und die sichtbare Garantie der unantastbaren Würde des menschlichen Lebens.

Dem »Ja«, das Gott in der Taufe zu jedem einzelnen spricht, können wir nur dadurch entsprechen, dass wir ihm unser »Ja« des Glaubens darbringen: »Darum rufen wir durch Christus zu Gottes Lobpreis auch das Amen« (2 Kor 1,20b). Dieses »Amen« wird für uns Menschen aber Konsequenzen haben. Denn wer sein eigenes Leben von diesem endgültig-gültigen »Ja« Gottes umfangen und getragen erfährt, der ist berufen und verpflichtet, das »Ja« Gottes auch zu seinen Mitmenschen hin zu verlängern und selbst ein bejahendes Leben zu führen. Dessen Wort soll nun in der Tat nicht mehr »Jein« sein, sondern wirklich »Ja«, den soll man bei seinem Wort nehmen und auf den soll man sich verlassen können.

Herausfordernder Anspruch des Glaubens

Aus dem befreienden Zu-Spruch von Gottes »Ja« in der Taufe ergibt sich deshalb ein großer »An-Spruch«. Dieser Anspruch setzt die Bereitschaft zu einer radikalen Wandlung voraus. Er erfordert zunächst geradezu ein Sterben des »alten Menschen« in uns, und zwar zusammen mit Christus. Darauf weist Paulus mit eindringlichen Worten hin. Denn der Apostel deutet das liturgische Untertauchen des Täuflings in das Wasser der Taufe als Untertauchen in die abgründigen Wasser des Todes, und zwar in solidarischer Gemeinschaft mit Jesus: »Wir wurden mit ihm begraben durch die Taufe« (Röm 6,4a). Und die Erfrischung durch das Bad der Taufe deutet Paulus umgekehrt als Auferweckung zu einem neuen und unvergänglichen Leben, das sich als stärker erweist als der Tod, und zwar wiederum in solidarischer Gemeinschaft mit Christus: »Wie Christus durch die Herrlichkeit des Vaters von den Toten auferweckt wurde, so sollen auch wir als neue Menschen leben« (Röm 6,4b).

Wie Jesus Christus selbst in das Bad des Todes untergetaucht, daraus aber am Ostermorgen als der vollendet neue Mensch hervorgegangen ist, so taucht im Bad der Taufe der Mensch in das Grab Jesu Christi hinab, um zusammen mit Christus aus diesem Grab des Todes als neuer Mensch aufzuerstehen. Was sich an Ostern am und mit dem Grab Jesu ereignet hat, das vollzieht sich am und mit dem Bad der Taufe durch Christus an jedem einzelnen Menschen, nämlich der endgültige Übergang vom Tod zum Leben. Die Taufe schenkt so Anteil am österlichen Heilsgeschehen von Tod und Auferstehung Jesu Christi, und sie mutet uns zu, als neue Menschen zu leben: »Unser alter Mensch wurde mitgekreuzigt, damit der von der Sünde beherrschte Leib vernichtet werde und wir nicht Sklaven der Sünde bleiben« (Röm 6,6).

In diesem Tod des »alten Menschen« ist es begründet, dass die Taufe vor allem in der Alten Kirche einschneidende Konsequenzen im Leben der Christen nach sich gezogen hat. Viele heidnische Berufe kamen für Christen und Christinnen nicht mehr in Frage, und zwar alle

Berufe – wie Schauspieler und Gladiatoren, Astrologen und Traumdeuter, Zuhälter und Dirnen –, die mit dem heidnischen Kult in Berührung standen. In der Alten Kirche wurden Taufbewerber nur zugelassen, wenn sie solche Berufe aufgaben. Dahinter steht die Überzeugung, dass die Taufe auch zu Verweigerungen gegenüber Verhaltensweisen des »alten Menschen« führt. Müssten wir deshalb nicht auch heute eine solche moderne »Liste der christlichen Verweigerungen« (GERHARD LOHFINK) aufstellen, die sich aus der Taufe von selbst ergeben?

Auf jeden Fall gilt auch und gerade im Blick auf das Wasser der Taufe, dass nur tote Fische mit dem Strom schwimmen, lebendige Fische jedoch die Kraft haben, gegen den Strom zu schwimmen, auch und gerade gegen den Strom der heutigen gesellschaftlichen Selbstverständlichkeiten.

Leben aus der Taufe

Diese Zumutung ist freilich leichter gesagt als getan. Bereits der Reformator MARTIN LUTHER hat in seiner gewohnt drastischen, aber treffenden Sprache im Blick auf den Tod des alten Menschen und die Geburt des neuen Menschen in der Taufe die Feststellung treffen müssen: »Ich wollte den alten Menschen in mir ersäufen, doch der Kerl konnte schwimmen.« Auch getaufte Christinnen und Christen machen immer wieder die Erfahrung der hohen Schwimmkunst des alten Menschen in sich. Deshalb kann es im Christenleben nichts Wichtigeres geben, als immer wieder auf die eigene Taufe zurückzukommen, sie neu anzunehmen und sich hineinnehmen zu lassen in die Gemeinschaft mit dem lebendigen Gott in der Glaubensgemeinschaft der Kirche.

Sosehr wir als Einzelne getauft werden, so sehr sind wir auch in der Taufe in die Kirche aufgenommen und in den lebendigen Leib Christi eingegliedert. Aus der Taufe folgt deshalb eine gemeinsame Berufung zur Ausübung der kirchlichen Grundsendung. Diese besteht darin, dass alle Getauften ihren Beitrag leisten zum Aufbau der Kirche, ihren Glauben glaubwürdig leben und das Evangelium in den alltäglichen Lebensbereichen verkünden. Dieser mit der Taufe verliehene Auftrag zur Bezeugung des Glaubens im alltäglichen Leben hat das Zweite Vatikanische Konzil als das Taufpriestertum aller Glaubenden bezeichnet, das uns alle – ob Laie, Diakon, Priester oder Bischof – am tiefsten miteinander verbindet.

Das Taufpriestertum zu leben ist die entscheidende Herausforderung an uns, zumal in der heutigen Situation der Kirche, in der wir immer weniger davon ausgehen können, dass der Glaube von selbst weitergegeben wird. In dieser Situation sind wir alle gerufen, das Evangelium zu verkünden, und zwar mit einem demütigen Selbstbewusstsein. Die heute notwendige Evangelisierung vollzieht sich vor allem auf dem Weg der persönlichen Glaubensweitergabe. Bereits Papst PAUL VI. hat sensibel verspürt, die heutige säkularisierte Welt höre nicht auf Lehrer, sondern auf Zeugen – und auf Lehrer nur insofern, als sie zuerst als Zeugen wahrgenommen werden können.

Diese Einladung und Berufung zum Zeugnis vollziehen wir in jeder Heiligen Osternacht, wenn wir unser Taufversprechen erneuern. Dazu gehört vor allem, dass wir die Würde der Taufe neu erkennen und uns vom Auferstandenen senden lassen: »Geht zu allen Völkern und macht alle Menschen zu meinen Jüngern; tauft sie auf den Namen des Vaters und des Sohnes und des Heiligen Geistes, und lehrt sie, alles zu befolgen, was ich euch geboten habe« (Mt 28,19-20a). Diese Sendung können wir deshalb getrost auf uns nehmen, weil sie erst das zweite Wort ist. Das erste Wort besteht im »Ja«, das Christus in der Taufe zu uns gesprochen hat. Es trägt seine Verheißung, die uns im Evangelium zugesagt ist: »Seid gewiss: Ich bin bei euch alle Tage bis zum Ende der Welt« (Mt 28,20b). Als Christen und Christinnen haben wir allen Grund, auf die Taufe und das in ihr uns persönlich zugesagte »Ja« Gottes stolz zu sein.

Ich darf annehmen, dass ich angenommen bin,
obwohl ich unannehmbar bin.

Paul Tillich

3 DIE GNADE
Vom Vorrang des Lebens vor dem Tun

Im Roman »Pallieter« von FELIX TIMMERMANN ist ein junger Mann im Mittelpunkt, der unter einem Baum steht, die Sonne genießt und sich an den Lichtstrahlen freut, die in den Blättern spielen. Da kommt jemand vorbei und fragt ihn: »Was machst du?« Auf diese Frage antwortet Pallieter knapp und präzis zugleich: »Ich bin.« In dieser Romanszene scheint mir die Grundstimmung in der heutigen gesellschaftlichen Lebenswelt sehr gut wiedergegeben zu sein. Menschen müssen offensichtlich immer etwas machen und wollen immer etwas leisten. Deshalb heißt die im Vordergrund stehende chronische Frage: »Was machst du?« Diese Konzentration auf das Machen und Leisten hat weithin auch Einzug in die Kirche gehalten. Denn wie man etwas macht, ist auch im kirchlichen Leben beinahe zur alles entscheidenden Frage geworden.

Leisten oder Sein?

Eine besondere Variante dieser Konzentration auf das Machen und Leisten liegt vor in jener urmenschlichen Sehnsucht, vor der Welt etwas zu gelten, die Jesus im Evangelium so scharfsichtig analysiert. Die »Schriftgelehrten und Pharisäer«, die stellvertretend für uns Menschen stehen, lassen sich Rabbi, Vater und Lehrer nennen, weil sie etwas auf sich geben und vor anderen Menschen auch etwas gelten wollen. Diese Sehnsucht kann freilich so stark werden, dass das Design der eigenen Leistung viel wichtiger wird als das Sein des persönlichen Lebens. Jesus aber mutet seinen Jüngern den Verzicht darauf zu, sich Rabbi, Vater oder Lehrer nennen zu lassen, und zwar mit der dreimal schönen Begründung: »Nur einer ist euer Meister« – »Nur einer ist euer Vater, der im Himmel« – »Nur einer ist euer Lehrer, Christus« (Mt 23,1-12).

In diesem dreifachen »Nur einer« kann man das biblische Fundament für jene Konzentration auf die Gnade Gottes erblicken, die im Mittelpunkt der christlichen Lehre von der »Rechtfertigung des Menschen durch den Glauben« steht. Es ist ein großartiges Ereignis, wenn heute zwischen uns Christen ein Grundkonsens ausgerechnet bei jenen Fragen gefunden werden kann, mit denen im sechzehnten Jahrhundert in Europa die Einheit der christlichen Kirche zerbrochen ist. Wir dürfen uns von Herzen freuen und dafür dankbar sein, dass die evangelisch-lutherische und die römisch-katholische Kirche in Augsburg 1999 eine »Gemeinsame Erklärung zur Rechtfertigungslehre« unterzeichnet haben und dass wir gemeinsam bekennen: »Allein aus Gnade im Glauben an die Heilstat Christi, nicht aufgrund unseres Verdienstes, werden wir von Gott angenommen und empfangen den Heiligen Geist, der unsere Herzen erneuert und uns befähigt und aufruft zu guten Werken.«

Diese gemeinsame Erklärung ruft freilich auch nach schönen Konsequenzen. Denn wenn wir gemeinsam in dieser heilsamen Konzentration auf die Gnade Gottes leben, werden wir in die Lage versetzt, das Sein unseres Lebens wichtiger zu nehmen als das Design unseres Aus-

sehens aufgrund von Machen und Leisten. Und uns wird jenes Lebensgefühl möglich, das sich in der Aussage Pallieters ausdrückt, der auf die
Frage »Was machst du?« schlicht, aber radikal antwortet: »Ich bin.«

Von Gott sich beschenken lassen

»Ich bin«: Diese Aussage kann allein die vorrangige Antwort des
Christen und der Christin sein, zumal in einer Gesellschaft, in der vor
allem das Machen und das Leisten zählen. Diese Antwort immer wieder in die Erinnerung zu rufen macht den unverwelkten Sinn des
christlichen Rechtfertigungsglaubens aus. Dieser betont, dass überall
dort, wo es um das Zentrale und Eigentliche des menschlichen Lebens
geht, um sein Glücken und Gelingen, sich gerade nicht unsere eigene
Leistung auftut und nicht unsere Selbst-Tat im Vordergrund steht.
Vielmehr eröffnet sich eine nicht zu verschweigende und nicht zu ver-
drängende Passivität des Menschen, nämlich das unverfügbare Sich-
beschenken-Lassen von Gott. Von daher besteht Paulus gegen denjenigen Menschen, der sich seiner eigenen Leistung rühmen will, darauf,
dass der Mensch letztlich alles, was er ist und was er hat, nicht als Re-
sultat seiner eigenen Leistung buchen, sondern von Gott als letztlich
unverdientes Geschenk empfangen darf: »Was hast du, was du nicht
empfangen hättest? Wenn du es aber empfangen hast, warum rühmst
du dich, als hättest du es nicht empfangen?« (1 Kor 4,7).

Diesen paulinischen Edelstein hat MARTIN LUTHER neu zum
Funkeln gebracht, und zwar indem er erkannte, dass dort, wo es um das
Heil des Menschen geht, Gott am Menschen handelt. Zugleich erkannte LUTHER, dass nicht der Mensch sich vor Gott zu rechtfertigen
braucht, dass vielmehr Gott selbst den Menschen rechtfertigt, und das
heißt: annimmt. Folglich soll der Mensch nicht einfach dies oder jenes
tun, sondern nur eines, aber konsequent, nämlich sich selbst aus der
eigenen Hand geben und sich restlos in die Hand Gottes fallen lassen.
Grund der Rechtfertigung ist deshalb nicht das Anbieten des Menschen, sondern Gottes liebevolle Zuwendung zum Menschen. Und

Rechtfertigung bedeutet nicht die Anrechnung der Leistung des Menschen, sondern die Zurechnung von Gottes Gnade. Gott selbst ist es, der den Menschen als eigentlich Unannehmbaren annimmt und ihn zu dem erklärt, den er sich trotz seiner Unannehmbarkeit recht sein lässt. Am Menschen freilich ist es nun, genau dies von Gott entgegenzunehmen, und das heißt: glauben. Glauben bedeutet – in der unüberbietbaren Kurzformel von PAUL TILLICH ausgedrückt - »Annehmen, dass ich angenommen bin, obwohl ich unannehmbar bin.«

»Rechtfertigung« heißt, dass sich der Mensch in seinem Menschsein von Gott anerkannt wissen darf, ohne dafür etwas tun zu müssen und ohne dafür etwas tun zu können. Daraus ergibt sich das elementarste und grundlegendste Menschenrecht. Dieses besteht im Recht eines jeden Menschen, als Mensch erkannt und anerkannt zu werden, und zwar auch ohne seine Leistungen, ja sogar gegen seine Leistungen, auf jeden Fall im Unterschied zu seinen Leistungen.

Primat des Seins vor dem Tun

Diese Erfahrung kann der Mensch letztlich nur in der persönlichen Begegnung mit Gott machen. Nicht nur ohne seine Leistungen, sondern auch und sogar gegen seine eigenen Leistungen als Mensch erkannt und anerkannt zu sein, darin besteht das humane und befreiende Angebot des christlichen Rechtfertigungsglaubens. Dieser Glaube erweist sich als Anwaltschaft der Gnade für den Menschen inmitten einer Gesellschaft, die von individueller und struktureller Gnadenlosigkeit so sehr bedroht ist.

Die Gnadenlosigkeit besteht vor allem darin, dass der Mensch mit seinen eigenen Leistungen identifiziert wird. Auf der einen Seite wird der Mensch als »Leistungsträger« zum nicht mehr hinterfragbaren Ideal der Gesellschaft, auf der anderen Seite wird der der Leistung nicht (mehr) fähige Mensch als der für die Leistungsgesellschaft letztlich Nutzlose eingestuft. Es ist von daher kein Zufall, dass auf der Börse unserer heutigen Leistungsgesellschaft sowohl das menschliche Leben, das noch nichts leisten kann – das kindliche und ungeborene Leben –, als auch das menschliche Leben, das nichts mehr leisten kann – das kranke, leidende und sterbende Leben –, einen so schlechten Kurswert haben. Es ist ebenso wenig ein Zufall, dass die Probleme der Abtreibung und der Euthanasie zu entscheidenden Herausforderungen an die Menschlichkeit der Gesellschaft geworden sind.

Demgegenüber liegt die große Wohltat des christlichen Rechtfertigungsglaubens darin, dass er zwischen dem Menschen und seinen Leistungen einen wohltuenden Unterschied macht. Denn der christliche Glaube unterscheidet zwischen der Person des Menschen und seinen Werken und Taten. Vor allem Tätigwerden nimmt der Glaube den Menschen als eine von ihren Taten grundsätzlich unterscheidbare Person ernst. Denn Person wird der Mensch nicht dadurch, dass er tätig wird, sondern dass er sich selbst von Gott empfängt. Zum Täter wird der Mensch erst durch die Liebe, die aus dem Glauben folgt. Das bedeutet, dass jeder Mensch unendlich mehr ist als die Bilanz seiner Taten, freilich auch unendlich mehr als die Bilanz seiner Untaten. Die Leistung ist durchaus das Recht des Menschen, aber auf keinen Fall seine Rechtfertigung.

Der christliche Rechtfertigungsglaube beinhaltet folglich eine radikale Umkehrung des im alltäglichen Leben eingespielten Verhältnisses von Sein und Tun, von Person und Werk und von Gnade und Leistung. Es ist keinesfalls die Leistung, die den Menschen zum Menschen macht. Es ist vielmehr der Mensch, der zu Leistungen fähig ist. Genau in dieser Umkehrung liegt die Konsequenz der Wiederentdeckung der Rechtfertigungslehre bei MARTIN LUTHER: Nicht die Werke machen die Person, sondern die Person, die von Gott selbst geschaffen, erlöst und befreit ist, macht die Werke. Folglich machen schon gar nicht gute Werke gute Menschen; vielmehr vermögen nur gute Menschen gute Werke hervorzubringen.

Gnadenvolle Befreiung des Menschen

Dieser Primat des Lebens vor dem Tun, der Person vor der Leistung und des Seins vor dem Design setzt bei MARTIN LUTHER jene Gottesbegegnung voraus, die er mit dem Stichwort der »Gnade« zum Ausdruck bringt. »Gnade« ist zweifellos das Grundwort des christlichen Glaubens und das in der Kirche am meisten gebrauchte Wort. Es ist heute aber auch eines der am meisten verbrauchten Worte geworden und droht für viele zu einer bloßen Worthülse zu werden. Das Wort »Gnade« kann auch als unausgewiesene Legitimation von Herrschaftsansprüchen von Menschen über Menschen verstanden werden: Herrschaft »von Gottes Gnaden«. Hier liegt es begründet, dass dieses Wort bei vielen Menschen heute heftige Abwehrreaktionen hervorruft. Zu nahe liegen Assoziationen an feudale Reste, wie sie sich etwa in der devoten Anrede eines Fürsten oder eines Bischofs als eines »gnädigen Herrn« aussprechen. Das Wort »Gnade« signalisiert dann eine Haltung der Herablassung und Unterwürfigkeit, auf die Menschen heute allergisch reagieren. Von daher spielt das Wort »Gnade« in der Erfahrung und für das Verständnis des menschlichen Lebens heute kaum mehr eine große Rolle.

Wenn wir freilich genauer zusehen, gibt es dennoch Situationsbereiche, zu deren deutenden Erhellung Menschen auch heute auf das Wort Gnade nicht verzichten. Dabei handelt es sich vor allem um zwei Lebensbereiche: Der eine Bereich ist derjenige der Rechtsprechung. Wird auf der einen Seite Schuld festgestellt und auf der anderen Seite Schuld auch wirklich eingestanden, bleibt nur noch die eine Möglichkeit, »Gnade vor Recht ergehen zu lassen«. Trotz aller Blässe dieses Sprachgebrauchs kommt doch zum Vorschein, dass Gnade letztlich ein unverdientes Geschenk ist. Der andere Bereich ist derjenige der Kunst. Lässt sich ein gelungenes Kunstwerk nur unbeholfen mit dem Fleiß und dem Geschick eines Künstlers erklären, spricht man auch heute gern von einem »begnadeten Künstler«. Bei aller Gebrochenheit dieses Vergleichs kommt darin doch zum Ausdruck, dass Gnade letztlich unverfügbar und aller menschlichen Berechnung entzogen ist.

Diese Erfahrungen, in denen Gnade als unverfügbares und unverdientes Geschenk aufscheint, werden im christlichen Glauben auf jenes letzte und absolute Geheimnis unseres menschlichen Lebens hin aufgeschlossen, das wir Gott nennen. Gnade meint hier nämlich das gnädige Verhalten Gottes zu uns Menschen, seine Selbstmitteilung und Selbsthingabe. Es ist letztlich die eine Kurzformel für den christlichen Glauben, dass alles Gnade ist.

Gnädiger Luxus des Sonntags

Diese frohe Botschaft will sich auswirken mitten in der heutigen Leistungsgesellschaft – beispielsweise in der Erkenntnis und Anerkenntnis der menschlichen Wohltat des Sonntags in seiner gnädigen Zweckfreiheit. Denn die christliche Feier des Sonntags will ausdrücken und erfahren lassen, dass der Mensch unendlich mehr ist als seine Arbeit und Leistung, dass er vielmehr Sein im Empfang und deshalb Sein im Danken ist. Der Sonntag stellt das humane Angebot einer Unterbrechung der Leistung durch einen Tag schöpferischer Ruhe dar, in dem der Mensch aus seinen Tätigkeiten und Leistungen zu sich selber zurückkommen kann und sein darf.

So ist und bleibt der Sonntag als gemeinsamer Ruhetag ein demonstratives Zeichen für Gott und sein Handeln am Menschen und damit ein gnädiger Aufstand der Hoffnung gegen die bedrohliche Entleerung des menschlichen Geheimnisses. Indem er nicht bloß der Regeneration der menschlichen Arbeitskraft dient, sondern vor allem der Regeneration des Menschen als Gottes Ebenbild, ist gerade der christliche Sonntag die beste Katechese über die Würde des menschlichen Lebens, wie sie in der Rechtfertigungslehre aufbewahrt ist. Denn beide, die Rechtfertigungslehre und der Sonntag, wollen dem Menschen helfen, die Grundbotschaft der Gnade neu zu buchstabieren und auf die chronische Frage »Was machst du?« gelassen antworten zu dürfen: »Ich bin.«

Worauf du nun dein Herz hängst und dich verlässest,
das ist eigentlich dein Gott.

Martin Luther

4 DIE GELASSENHEIT
Von der maßlosen Sehnsucht des Herzens

In der Maßlosigkeit seiner Wünsche ist jeder Mensch gleichsam ein kleiner Terrorist. In jedem Menschen schlummert eine geradezu maßlos zu nennende Sehnsucht nach Erfüllung und Vollendung seiner tiefsten Lebenshoffnungen. Kein Mensch kann diese maßlose Sehnsucht seines Herzens völlig verdrängen. Deshalb steht er immer wieder in der Versuchung, die maßlose Sehnsucht seines Herzens an äußerst mäßigen Wirklichkeiten seines Lebens festzumachen: sei dies an materiellen Dingen, sei dies an den modernen Lebenswerten wie Erfolg, Karriere und Prestige, oder sei dies auch an anderen Menschen.

Maßlose Sehnsucht und maßlose Antwort Gottes

In dieser Versuchung dürfte der tiefste Grund liegen, warum so viele Menschen heute in einer destruktiven Hast hinter den Gütern unserer Welt herjagen und beziehungssüchtig wie beziehungsflüchtig geworden sind. Sobald wir Menschen freilich sensibel verspüren, dass weder die materiellen Dinge noch andere Menschen die maßlose Sehnsucht unseres Herzens völlig zu trösten vermögen, fangen wir an, unsere maßlose Sehnsucht in uns selbst zu töten. Was übrig bleibt, ist entweder ein menschenverachtender Zynismus oder ein nihilistisch kapriziertes Heldentum. Auf jeden Fall werden wir Menschen maßlos enttäuscht. Ja, die Frustration ist geradezu vorprogrammiert.

Wirkliche Erfüllung und Vollendung der maßlosen Sehnsucht des menschlichen Herzens kann nur die einzig maßlose Wirklichkeit selbst geben, nämlich Gott, dessen Herz unruhig ist, bis es ruhen kann im empfangsbereiten Menschen. Ebendeshalb ist aber auch, wie es der heilige AUGUSTINUS unüberbietbar ausgesprochen hat, des Menschen Herz unruhig, bis es ruhen kann bei Gott. Mit dieser heiligen Unruhe im Herzen sind wir Menschen von Gott selbst gewollt und geschaffen. Deshalb vermag allein Gott der unendlichen Sehnsucht des menschlichen Herzens gerecht zu werden.

Diese heilige Unruhe hat Jesus in die Welt gebracht und in das Herz des Menschen gelegt, damit sie nirgendwo zur Ruhe kommt – außer bei Gott selbst, den Jesus mit intimer Zärtlichkeit Vater nennt. So kann Jesus sagen:»Verschafft euch einen Schatz, der nicht abnimmt, droben im Himmel, wo kein Dieb ihn findet und keine Motte ihn frisst. Denn wo euer Schatz ist, da ist auch euer Herz« (Lk 12,33b-34).

In der Tat:»Wo euer Schatz ist, da ist auch euer Herz.« Dies wissen wir aus unserer alltäglichen Erfahrung zur Genüge. Wir Menschen stehen immer wieder in der Versuchung, unser Leben nicht auf die maßlose Wirklichkeit Gottes zu bauen und unser Herz nicht an ihn zu hängen, sondern unser ganzes Vertrauen an endlichen Wirklichkeiten festzumachen und sie damit zu Göttern hochzustilisieren. Darin liegt freilich eine tragische Verkehrung des Glaubens, die der Reformator

MARTIN LUTHER präzis ausgesprochen hat:»Das Trauen und Glauben des Herzens macht beide, Gott und Abgott. Ist der Glaube und das Vertrauen recht, ist auch dein Gott recht; und wiederum wo das Vertrauen falsch und unrecht ist, da ist auch der rechte Gott nicht, denn die zwei gehören zusammen: Glaube und Gott. Worauf du nun dein Herz hängst und dich verlässest, das ist eigentlich dein Gott.«

Damit ist mit Recht vorausgesetzt, dass kein Mensch leben kann, ohne zu vertrauen und in diesem elementaren Sinne zu glauben. Dies zeigt sich daran, woran der Mensch sein Herz hängt und wo er seinen Schatz hat. Und dies zeigt sich wiederum daran, zu welchen Opfern Menschen bereit sind. Denken wir nur an die Verkehrsopfer, die eine mobile Gesellschaft einfordert, die Opfer, die die Staaten in ihren Nationalkriegen zu geben bereit sind, die Opfer, die der Norden der Welt mit seiner milliardenschweren militärischen Aufrüstung dem Süden der Welt aufbürdet, die Opfer, die wir Menschen heute in ausbeuterischer Manier der Natur abverlangen und damit ihr ökologisches Gleichgewicht empfindlich stören, oder schließlich die alltäglichen Opfer an Menschlichkeit, die wir im Namen von Ehre und Prestige, Leistung und Arbeit, Macht und Gewalt zu bezahlen bereit sind.

Offensichtlich kann Gott in meinem Leben verschiedene Namen bekommen. Denn das, worauf ich letztlich vertraue, woran ich mein Herz hänge und das ich als meinen Schatz betrachte: das ist in meinem Leben»mein Gott«. Das kann meine berufliche Karriere sein, wenn ich auf sie alles setze und dabei zwischenmenschliche Beziehungen zerstöre. Dann heißt mein persönlicher»Gott« Karriere, auch wenn ich mich ansonsten noch so deutlich zum christlichen Gott bekennen mag. Mein»Gott« kann aber auch meine Leistung sein, wenn ich mein Leben allein durch sie rechtfertige und dabei andere Menschen über meine Leisten schlage. Mein»Gott« kann sogar die Kirche sein, wenn ich von ihr erwarte, was sie gar nicht geben kann, was nur Gott geben kann, nämlich letzte Geborgenheit und umfassenden Frieden. Wie viel gehässige Kirchenkritik heute hat letztlich genau darin ihren Grund, dass Menschen von der Kirche erwarten, was nur Gott erfüllen kann?

In allen diesen Beispielen wird der lebendige Gott zur erbärmlichen Verlängerung unserer eigenen Wünsche degradiert. Das ist die beschämendste Form des Atheismus, die es geben kann. Für das Evangelium liegt deshalb der entscheidende Unterschied nicht in der Alternative zwischen Glauben und Nichtglauben – eben weil kein Mensch leben kann, ohne zu glauben. Der grundlegende Unterschied zeigt sich vielmehr darin, woran ein Mensch glaubt, woran er sein Herz hängt und wo er seinen Schatz hat. Es geht um die viel elementarere Alternative zwischen Glauben und Aberglauben, zwischen wahrer Gottesverehrung und erbärmlichem Götzendienst:»Wo euer Schatz ist, da ist auch euer Herz.«

Angst des Menschen und Gottes Verheißung

Wenn Gott unser Schatz ist und wenn wir bei ihm unser Herz haben, dann dürfen wir uns auch die Zumutung Jesu im Evangelium gefallen lassen:»Fürchte dich nicht, du kleine Herde.« Diese Zumutung Jesu gewinnt gerade in der heutigen Situation der Kirche immer mehr an Aktualität. Denn aufgrund gesellschaftlicher Entwicklungen und der zunehmenden Kirchenaustritte, die einem Votum gegen die Kirche mit den Füßen gleichkommen, werden wir immer mehr zur »kleinen Herde«. Wir mögen dies beklagen und bedauern. Aber zugleich dürfen wir uns die Verheißung Jesu zusprechen lassen:»Fürchte dich nicht, du kleine Herde.« Wenn Gott unser Schatz ist und wenn wir bei ihm unser Herz haben, dann brauchen wir auch keine Angst zu haben vor dem Platz, den der Apostel Paulus uns zuweist:»Ich glaube, Gott hat uns Apostel auf den letzten Platz gestellt, wie Todgeweihte; denn wir sind zum Schauspiel geworden für die Welt, für Engel und Menschen. Wir stehen als Toren da, um Christi willen« (1 Kor 4,9-10a). Wer Gott zu seinem Schatz hat, der muss damit rechnen, von der Welt und manchmal sogar in der Kirche auf diesen Platz gewiesen zu werden.

»Fürchte dich nicht, du kleine Herde.« Dieses Wort Jesu ist ein Trost, an dem wir uns so sehr freuen dürfen, dass wir gar keinen ande-

ren brauchen. Aber wir dürfen uns gegenseitig diesen Trost zusprechen, indem wir füreinander beten. Die Verbundenheit im Gebet
schenkt nicht nur eine tiefe Gemeinschaft unter glaubenden Menschen, sondern ist auch das schönste Bekenntnis des Glaubens, dass
Gott die maßlose Antwort auf die maßlose Sehnsucht unseres Herzens
ist. Im Gebet sind wir vereint in Gott und bekennen, dass wir einen
wahren Schatz im Himmel haben – einen Schatz, den keine Diebe rau-
ben und den die Motten nicht fressen können, der vielmehr Bestand
hat für immer. Solches glaubendes Gebet und solcher betender Glaube
schenken uns jene Gelassenheit, die wir heute so nötig haben und die
uns nur Christus geben kann.

EINÜBUNG IN DEN DANK

Die Eucharistie leben

Ein Fest feiern bedeutet Zustimmung zur Welt.
Josef Pieper

5 DAS FEST
Vom Liebesspiel Gottes

»Wenn du zu einer Hochzeit eingeladen bist ...« – »Wenn du mittags oder abends ein Essen gibst ...« Jesus verwendet gerne das Bild des Festes, um seine Botschaft an den Mann und an die Frau zu bringen. Er hat das Kommen des Reiches Gottes, das der zentrale Inhalt seiner Predigt war, als Fest, als himmlisches Hochzeitsmahl verkündet. Aus den Evangelien wissen wir auch, dass Jesus sehr gern an Festen teilgenommen hat. Diese zentrale Bedeutung des Festes im Leben Jesu macht uns bewusst, dass auch der christliche Glaube in erster Linie nicht dazu da ist, dass er kritisch reflektiert, sondern dass er gefeiert wird.

Zustimmung zur Schöpfung

Was ist ein Fest? Ich kenne dafür keine schönere Umschreibung als diejenige, die uns der deutsche Philosoph JOSEF PIEPER gegeben hat. Er hat das Fest als »Zustimmung zur Welt« interpretiert. Damit ist ein Doppeltes zum Ausdruck gebracht. Ein Fest bedeutet erstens immer eine Bejahung und Bestätigung des Daseins. Ein Fest ist immer dann, wenn ich »Ja« sagen und wenn ich der Welt, dem Sein überhaupt und darin mir selbst zustimmen kann, weil ich dem Grund meiner selbst und dem Grund allen Lebens zustimme, nämlich Gott. Da das Fest das Dasein feiert und dessen Bejahung zum Thema hat, ist eigentlich jedes Fest religiöser Natur, selbst wenn dieser Bezug zu Gott gar nicht bewusst ist, wenn er von vielen anderen alltäglichen Wirklichkeiten überdeckt oder wenn er sogar ausgeblendet wird.

Dieser religiöse Bezug eines jeden Festes wird im Glauben ausdrücklich gemacht. Im Glauben ist der Kern dessen gegeben, was die Welt zum Fest machen kann, nämlich das Motiv der Zustimmung. Denn Glauben heißt: »Ja« sagen zu dem großen »Ja«, das Gott selbst zur Welt gesagt hat. Glauben heißt, unsere Welt nicht einfach als Materie zu betrachten, die als handhabbares Material zur Verfügung steht. Glauben heißt, unsere Welt vielmehr als Schöpfung Gottes zu betrachten, die von Gott gewollt und geliebt ist. Nur in solchem Glauben ist auch die wunderbare Heilungstätigkeit Jesu und der Heiligen zu verstehen. Nur dem Glauben gelingt es, den persönlichen Gott auch in den Kräften der Natur zu finden und in der Schöpfung dem Schöpfer selbst zu dienen.

In solcher Zustimmung zur Welt sehe ich überhaupt das Erkennungszeichen des christlichen Glaubens. Damit unterscheidet der Glaube sich von den in Asien üblichen Methoden der Versenkung, die nicht Zustimmung zur Welt, sondern Befreiung von der Welt durch Selbstverzicht wollen. Der Glaube unterscheidet sich aber auch von unserem modernen westlichen Umgang mit der Welt, der nicht Zustimmung, sondern oft genug Widerspruch gegen das Sein im Sinne einer deprimierten Aufgebrachtheit ist. Demgegenüber ist der christliche Glaube ein positiver und das Dasein bejahender Vollzug. Er ist Zustimmung zur Welt von ihrem tiefsten Grund, von Gott her. Deshalb ist der Glaube seinem wahren Wesen nach ein Fest. In diesem Fest vollziehen wir Gottes »Zustimmung zur Welt« nach und danken Gott, dass er die ganze Schöpfung will, dass er sie unaufhörlich im Dasein erhält und ihr seine Zustimmung schenkt.

Der Glaube hat deshalb nicht nur den Charakter eines Festes, sondern er ist im Kern »Eucharistie«: »Danksagung« für das Dasein überhaupt. Stellvertretend für die ganze Menschheit, ja für die ganze Schöpfung loben und danken wir Gott in der Feier der Eucharistie. Der Glaube ist nirgendwo so sehr in seinem Element wie in der Eucharistie, die das Zweite Vatikanische Konzil als Quelle und Höhepunkt des kirchlichen Lebens bezeichnet hat. Die Eucharistie ist das Fest schlechthin.

Fest der Gemeinschaft

Damit ein Fest gefeiert werden kann, sind zweitens personale Beziehungen zwischen Menschen die unabdingbare Voraussetzung. Denn Feste kann man prinzipiell nicht allein feiern. Menschen feiern vielmehr Feste, um sowohl ihr eigenes Dasein als auch das Dasein der anderen immer wieder neu zu bestätigen oder von anderen Menschen bestätigen zu lassen. Darin besteht der menschlich tiefe Sinn, dass wir Geburtstage oder Eheschließungen feiern, indem wir ein Fest ausrichten.

Dieser urmenschliche Sinn des Festes kann im Licht des Glaubens vertieft werden. Wenn nämlich das eigentliche Thema des Festes die wechselseitige Daseinszusage ist und wenn das Fest personale Beziehungen voraussetzt, dann ist es in allererster Linie der dreifaltige Gott selbst, der seit aller Ewigkeit sein urewiges Fest feiert. Denn wo anders als bei den drei Personen der Dreifaltigkeit könnte die gegenseitige freudige Zusage des Daseins einer Person durch andere Personen intensiver und inniger geschehen? Und wo anders als in der Dreifaltigkeit vollzieht sich die vollkommene Bestätigung der Güte und Schönheit einer Person durch andere Personen? Das ewige Leben Gottes ist als Vollzug einer überbordend lebendigen Liebesbeziehung zwischen den drei Personen der Dreifaltigkeit ein »Spiel vollendeter Liebe«, ja im tiefsten Sinn des Wortes ein »Liebesspiel« (MICHAEL KUNZLER). In diesem Liebesspiel feiert Gott sich selbst in der gegenseitigen Freude der drei Personen aneinander; und in dieser unendlichen gegenseitigen Daseinszusage der drei Personen zueinander hat auch die göttliche Daseinsbejahung der ganzen Schöpfung ihren Grund und ihren Lebensort.

An diesem himmlischen Fest Anteil zu bekommen macht das ewige Leben der Erlösten aus. Die Vollendung unseres Lebens und der Welt wird ein ewiges Fest sein. Doch bereits im jetzigen Leben dürfen wir Anteil erhalten an diesem Fest des Himmels in der Glaubensgemeinschaft der Kirche. Wie man ein Fest nie allein feiern kann, so kann man auch den christlichen Glauben nicht allein leben und feiern, sondern immer nur in der Glaubensgemeinschaft der Kirche.

Hier rühren wir an das Geheimnis der Kirche, aus dem die Heiligen gelebt haben. Gewiss haben sie in der Kirche viel Menschliches und allzu Menschliches erleben müssen, und doch hat es ihnen den Blick nicht dafür trüben können, was die Kirche mit den Augen des Glaubens betrachtet ist. Sie ist dazu berufen, das dreifaltige Gemeinschaftsleben Gottes auf der Erde sichtbar darzustellen, in der Eucharistie zu feiern und glaubwürdig zu leben. Die tiefste Berufung und die schönste Identität der Kirche besteht darin, Abbild, ja Ikone der Dreifaltigkeit zu sein. Dies wieder neu erfahrbar zu machen, darum muss sich heute alle Reform in der Kirche drehen.

Fremde sind Menschen, die sich noch nicht begegnet sind.
Der Talmud

6 DIE GASTFREUNDSCHAFT
Von der Tischgenossenschaft als Erkennungszeichen

Ein Chinese, zum katholischen Glauben gekommen, macht sich nach seiner Taufe zu Fuß auf den Pilgerweg von Peking nach Rom. Was erlebt er dabei? Solange er in Zentralasien auf dem Weg ist, genügt es, dass er sich als Pilger zu erkennen gibt, um bei der ersten Türe Gastfreundschaft zu finden. Im Lebensbereich der orthodoxen Kirchen beginnen bereits die Probleme, auch wenn der Pilger immerhin noch einen Schlafplatz findet und Essen und Trinken erhält. Im Lebensraum der Westkirche aber findet er keine Unterkunft mehr. Höchstens wird ihm gelegentlich Geld in die Hand gedrückt, um sich im Obdachlosenheim einquartieren zu können. Dieses Erlebnis eines seiner Freunde schildert Kardinal JEAN DANIÉLOU und kommentiert es mit diesen Worten: »Es ist beschämend, wenn man erkennt, dass die Gastfreundschaft schwindet, je näher man an Rom herankommt.« Dabei kann hier »Rom« natürlich stellvertretend für viele Städte in Westeuropa stehen.

Gastsein als Wurzel wahrer Gastfreundschaft

Dieser Schwund der Gastfreundschaft auf dem geographischen Weg von Zentralasien nach Europa ist umso beschämender, wenn wir ihn mit dem Evangelium konfrontieren. Dieses zeigt, welche dominierende Rolle die Gastfreundschaft im Leben Jesu gespielt hat. Entscheidend ist dabei die Tatsache, dass Jesus selbst immer wieder Gast ist. Er spricht, handelt und lebt gerade nicht aus der Position eines Hausherrn und Gastgebers, sondern aus der empfangenden Position des Gastes heraus, der auf die Gastfreundschaft anderer angewiesen ist. Denn Jesus weiß, dass derjenige, der niemals wirklich Gast war, bestimmt kein guter Gastgeber werden kann. Wahre Gastfreundschaft lernt man nicht in der Pose eines paternalistischen Gastgebers, sondern nur in der sympathischen Rolle des Gastes.

Bereits das Wort »Gastgeber« ist verräterisch genug. Es legt – wie dasjenige des »Arbeitgebers« – das Verhalten des einen auf das Geben und das Verhalten des anderen auf das Empfangen fest. Wirklicher Gastgeber kann man aber nur sein, wenn man selbst zunächst und immer wieder Gast ist und die Praxis der Gastfreundschaft aus der Optik des Gastseins erlebt. Deshalb konnte Jesus auch ein exzellenter Gastgeber werden und von seinen Jüngern ganz selbstverständlich gelebte Gastfreundschaft erwarten. Dabei dachte er an spezifische Gäste: »Wenn du mittags oder abends ein Essen gibst, so lade nicht deine Freunde oder deine Brüder, deine Verwandten oder reiche Nachbarn ein; sonst laden auch sie dich ein, und dann ist alles wieder abgegolten. Nein, wenn du ein Essen gibst, dann lade Arme, Krüppel, Lahme und Blinde ein. Wohl dir, denn sie können es dir nicht vergelten« (Lk 14,12-13).

Auf diesem Hintergrund sagt Jesus von sich selbst und seiner Gegenwart im Weltgericht: »Ich war hungrig, und ihr habt mir zu essen gegeben; ich war durstig, und ihr habt mir zu trinken gegeben; ich war fremd und obdachlos, und ihr habt mich aufgenommen« (Mt 25,35). Das Erregende an dieser Aussage liegt dabei darin, dass Jesus sich nicht nur mit den Hungrigen, Durstigen, Fremden und Obdachlosen solidarisiert, sondern schlechthin identifiziert, so dass der Welten-richter als Gast und Fremdling selbst erscheint und wir im Fremden dem Geheimnis Gottes selbst begegnen.

Nimmt man dieses Evangelium in seiner schonungslosen Offen-heit ernst, bleibt nur die eine Konsequenz: Wie Jesus während seines ir-dischen Lebens für die Armen und Verlorenen Partei ergriffen und sein Leben für sie bis zum Kreuz investiert hat, so steht er auch jetzt als der Auferstandene auf ihrer Seite. Der Arme, Unterdrückte, Verfolgte und Fremde ist der bevorzugte Ort der Gegenwart des erhöhten Christus, er ist der privilegierte Zugangsort zu ihm und seine geheime, aber reale Epiphanie. Papst JOHANNES PAUL II. betont mit Recht, dass die Auf-nahme des Fremden für den Gläubigen »nicht nur Philanthropie oder natürliche mitmenschliche Aufmerksamkeit« ist. »Es ist sehr viel mehr, denn als Christ weiß er, dass er in jedem Menschen Christus be-gegnet, der darauf wartet, in den Mitbrüdern, insbesondere in den ärmsten und bedürftigsten, geliebt zu werden.«

Der Fremde: Feind oder Gast?

Wahre Gastfreundschaft ist in den Augen des Glaubens nicht ein-fach ein moralisches Mittel, um heilig zu werden. Sie ist viel grundle-gender der Weg, um dem Heiligen selbst zu begegnen. Dies zeigt die alttestamentliche Erzählung von der gastfreundlichen Bewirtung von drei Fremden durch Abraham, der freilich erst nach seiner gekonnten Bewirtung entdeckt, dass Gott selbst bei ihm zu Gast war (Gen 18,1-10a). Diese Erkenntnis muss sich auswirken auf die kulturelle Wahr-nehmung des Fremden.

In vielen archaischen Kulturen wird der Fremde zunächst als Feind betrachtet, und zwar bereits deshalb, weil er von außen her und überraschend in den ansonsten überschaubaren Lebensraum der Men-schen einbricht und ihn allein dadurch in Frage stellt, dass er sich an-ders verhält als die Einheimischen: anders gekleidet, mit einer anderen Hautfarbe und eine andere Sprache benutzend. In diesen Kulturen war es deshalb keine Ausnahme, wenn der Fremde, der als Feind definiert ist, schonungslos vernichtet wurde. Im vorklassischen Latein bezeichnet deshalb »hostis« den Fremden und zugleich den Feind. Bei den Griechen hingegen bezeichnet »xenos« den Fremden und zugleich den Gast. In diesen entwickelten Kulturen konnte sich ein eigentliches Gastrecht beheimaten, das vor allem in der jüdisch-christlichen Tradition wirksam wurde.

Die sprichwörtlich gewordene biblische Gastfreundschaft entspringt somit keineswegs dem Edelmut der sogenannten unverdorbenen Naturvölker, sondern einer neuen Kultur des Umgangs mit dem Fremden. Hier erweist sich die Gastfreundschaft als wirksames Gegengift gegen die angstbesetzten Instinkte vor dem Fremden. Indem die Gastfreundschaft diese archaischen Gefühle zu überwinden vermag und dem Fremden nicht nur die Türe des Hauses, sondern auch die Türe des Herzens öffnet, versucht sie den Fremden als Freund zu gewinnen.

Die jüdische Auslegung des Alten Testaments, der Talmud, schlägt eine revolutionär neue Definition des Fremden vor: Fremde gibt es eigentlich nicht, sondern nur Menschen, die sich noch nicht begegnet sind. In diesem Sinne ist jeder Fremde ein potentieller Freund, sofern man nur den Mut hat, sich ihm zu öffnen und ihn in seinem gottgewollten Anderssein anzunehmen. Dann hört er von selbst auf, ein Fremder zu sein, und er kann sich zum Gastfreund wandeln.

Gastfreundliche und katholische Kirche

Ohne die Gastfreundschaft ungezählter einzelner Christen und Christengemeinden ist in der frühen Kirche die Ausbreitung des christlichen Glaubens in den ersten Jahrhunderten überhaupt nicht zu verstehen. Auf der praktizierten Gastfreundschaft beruhte ein Großteil der Faszination des Christentums in der antiken Welt. Die gelebte Praxis der Gastfreundschaft erwies sich als die beste Verkündigung des Evangeliums und enthielt ein missionarisches Potential sondergleichen, das man kaum überschätzen kann.

Blickt man auf die Urkirche zurück, wird deutlich, dass das Verdunsten der erzchristlichen Kultur der Gastfreundschaft in der westlichen Kirche der ausschlaggebende Grund für ihre mangelnde missionarische Ausstrahlungskraft sein dürfte. Denn überall dort, wo die Praxis der Gastfreundschaft nicht mehr gelebt wurde, erlahmte auch die missionarische Kraft der christlichen Kirche. Wenn sie diese wieder zurückgewinnen will, muss sie die erzchristliche Kultur der Gastfreundlichkeit neu verlebendigen.

Wer wäre dazu mehr berufen als die katholische Kirche, die in ihrer weltumspannenden Universalität Gastfreundschaft als bestechendes Erkennungszeichen ausweisen muss? Gerade angesichts des heutigen Migrationsproblems und der multikulturellen Herausforderung ist die katholische Kirche verpflichtet, ihren unerlässlichen Beitrag zu leisten und sich gleichsam als »global player« zu bewähren. Dass gerade sie dazu in der Lage ist, hat der Schweizer Historiker URS ALTERMATT mit Recht betont: »Mit ihrem universalen Anspruch stellen die Kirchen multikulturelle Integrationsmodelle dar, die das Allumfassende, das ›Katholische‹ im griechischen Sinn des Wortes betonen und damit die Vergötzung der Nation verhindern können.«

Multikulturalität steht und fällt mit dem friedlichen Zusammenleben von verschiedenen ethnischen, religiösen und sprachlichen Volksgruppen bei allen unvermeidbaren Alltagsproblemen. Dazu kann die Kirche einen wichtigen Beitrag mit einer glaubwürdigen Praxis der Gastfreundschaft leisten. Sie ist dabei gut beraten, wenn sie Gastfreundlichkeit zunächst in der Begegnung mit anderssprachigen Christen und Christinnen in ihrem eigenen Lebensraum einübt.

Dazu ist die Kirche eingeladen und herausgefordert in der Eucharistie. In ihr bekommen wir Anteil an dem einen Brot des Lebens; deshalb können wir uns nach jeder Feier nicht wieder wie Eigenbrötler benehmen, auch nicht wie nationalistische Eigenbrötler. In der Eucharistie werden wir vielmehr in eine universale Essensgemeinschaft aufgenommen. Wir werden gleichsam zu eucharistischen Kosmopoliten verwandelt oder – im besten Sinn des Wortes – zu eucharistischen

»Kumpanen«, die sich um den Tisch des Herrn versammeln und miteinander (»cum«) das Brot des Lebens (»panis«) teilen. Die Eucharistie öffnet uns die Augen für jene Praxis der Gastfreundschaft, zu der uns das Evangelium reizen will. In dieser Praxis bewährt sich das »Sakrament des Bruders« – und natürlich auch der Schwester –, von dem der katholische Schweizer Theologe HANS URS VON BALTHASAR gesprochen und das er dahingehend interpretiert hat: Der Bruder und die Schwester wird »zum Träger der Anrede Gottes, zum Sakrament des Wortes Gottes an mich. Dieses Sakrament spendet sich im Alltag, nicht im Kirchenraum. Im Gespräch, nicht während der Predigt. Nicht in Gebet und Betrachtung, sondern dort, wo ... es sich entscheidet, ob ich im Gebet wirklich Gottes Wort gehört habe.« Dieses öffentliche Sakrament hat seinen Wurzelgrund aber im Sakrament der Eucharistie. Wenn die Kirche aus diesem Sakrament lebt, ist sie entweder eine gastfreundliche und wirklich katholische Kirche, oder sie ist nicht die Kirche Jesu Christi.

Ihr sollt sein, was ihr seht, und sollt empfangen, was ihr seid:
Empfangt den Leib Christi – Seid der Leib Christi!
Augustinus

7 DIE VERWANDLUNG
Von der rechten Unterscheidung von heilig und weltlich

Kann man unsere Welt unterteilen in heilig und weltlich, in sakral und profan? Hat Gott nicht vielmehr in Jesus Christus eine derart neue Welt des Heils geschaffen, dass er die Welt nicht nur von allem Dämonischen, sondern auch von allem Sakralen befreit und damit die ganze Welt in sein Heil eingetaucht hat? Ist dadurch aber, dass Gott alles sakral gemacht hat, nicht alles zugleich profan geworden? Diese Überzeugung wird heute von nicht wenigen Christen und Christinnen vertreten. Sie wollen damit betonen, dass Gott allein heilig ist und dass deshalb nichts in der Welt heilig sein kann, sondern Welt ist und Welt bleibt. Dies ist ohne jeden Zweifel wahr. Sieht man freilich genauer zu, kann man beobachten, dass in den westlichen Gesellschaften viele Menschen, die sich von der Liturgie der christlichen Kirche abwenden, ihr Heil nicht selten in jenen nichtchristlichen Religionen suchen, in denen der Kult einen festen und unbezweifelbaren Ort hat. In diesem eigenartigen Phänomen muss man die »Rache der menschlichen Natur« erblicken, »die – trotz allem – religiös bleibt« (GEORG MUSCHALEK).

Sehnsucht nach dem Sakralen

In der Suche nach dem Sakralen kommt die religiöse Reaktion auf
die in uns Menschen offensichtlich unausrottbar wirkende Tendenz
zum Ausdruck, in der Weltlichkeit der Welt nichts mehr als Welt zu
sehen und sie nicht mehr als Abglanz der Heiligkeit Gottes wahrzunehmen. Deshalb stehen wir immer wieder in der Gefahr, die in der
Welt sich zeigende Herrlichkeit Gottes mit der Welt selbst zu vertau-
schen und diese zu verabsolutieren. Nicht Gott, sondern wir Menschen
brauchen folglich die Unterscheidung von heilig und weltlich, von sakral und profan. Nicht der unendliche Gott braucht von uns Menschen
errichtete und geweihte Häuser, sondern er baut uns Menschen ein
Haus. Gottes Geist ist es, der die Steine der Kirche erbaut, und keineswegs umgekehrt. Denn wo der Geist nicht lebendig ist, werden die
Steine stumm. Und wenn der Geist nicht baut, baut auch das Geld ver-
gebens, wie das Wort aus dem 127. Psalm unmissverständlich betont:
»Wenn nicht der Herr das Haus baut, müht sich jeder umsonst, der
daran baut.« Die Gegenwart Gottes unter uns können wir nicht her-
stellen, nur mit leeren Händen empfangen. Wir können sie uns nicht
einmal selbst sagen; wir sind vielmehr darauf angewiesen, sie uns zusprechen und schenken zu lassen.

Ein Kirchengebäude ist deshalb in erster Linie dazu bestimmt, als
Audienzhalle für das Kommen des Herrn in die gottesdienstliche Versammlung der Gemeinde zu dienen, die vom Herrn zur Gemeinschaft
der Heiligen zusammengerufen ist. Das Neue Testament nennt die Getauften heilig, freilich nicht, weil sie Tugendbolde oder religiöse Hoch-
leistungssportler wären. Die Getauften sind vielmehr heilig, weil sie
von Gott selbst herausgerufen sind, die Gemeinschaft der an Jesus
Christus Glaubenden und ihm Nachfolgenden mitten in der Welt zu
bilden und als solche zu leben. Aufgrund der Taufe sind sie berufen,
eine heilige Priesterschaft zu bilden. Deshalb ist im christlichen Glauben nicht das Kirchengebäude entscheidend. Grundlegend ist vielmehr, dass wir alle, wie Paulus sagt, »Gottes Tempel« sind (1 Kor 3,16).

Gottes Tempel in der Welt

Kirchengebäude haben demgegenüber nur den Sinn, Raum dafür zu bieten, um vor allem Gottes Wort zu hören. Denn »Gottes Tempel« sind wir dafür, dass das Wort Gottes in uns wohnen kann, wie dies Paulus verheißt: »Durch den Glauben wohne Christus in eurem Herzen« (Eph 3,17). Christus ist in der zum Gottesdienst versammelten Gemeinde gegenwärtig in seinem Wort. Die Verkündigung des Wortes Gottes schenkt wirklich Christusbegegnung. Diese grundlegende Einsicht des Zweiten Vatikanischen Konzils haben wir gerade in der heutigen Zeit dringend nötig. Wir erleben alltäglich eine so große Inflation von Wörtern in Radio und Fernsehen, in den Medien und Werbeprospekten, dass wir manchmal den Eindruck gewinnen, dass dies nichts als Wörter sind. Deshalb fällt es uns so oft auch schwer, in den vielen Wörtern des Alltags das eine Wort Gottes herauszuhören. Im Gottesdienst der christlichen Gemeinde sind wir aber herausgefordert, unser Leben wieder neu unter das Wort Gottes zu stellen und ihm gleichsam die Kompassnadel Gottes anzulegen. Denn das Wort Gottes enthält unendlich mehr als bloß Wörter; in ihm begegnen wir vielmehr dem Wort des ewigen Lebens. Es ist der »Liebesbrief« Gottes an sein Bundesvolk. Wenn wir dieses Wort Gottes in uns wohnen lassen, können wir immer mehr die Liebe Christi verstehen, »die alle Erkenntnis übersteigt« (Eph 3,19).

Gemäß einem alten Wort der Volksweisheit geht Liebe durch den Magen. Kinder wissen um die Wahrheit dieser Weisheit. Wenn sie beispielsweise am Geburtstag ihr Lieblingsessen bekommen, spüren sie die Liebe ihrer Eltern am deutlichsten. Auch Gott selbst ist offensichtlich von der Wahrheit dieser Weisheit überzeugt. Denn er schenkt uns seine Liebe am spürbarsten in einer heiligen Essensgemeinschaft, in der Feier der Eucharistie, die im Zentrum des kirchlichen Lebens steht. In der Eucharistie ereignet sich die wahre »Sakralisierung«, die Umwandlung der weltlich-alltäglichen Wirklichkeit in eine gottbezogene. Denn sakral verdient nur jene Welt genannt zu werden, die mit Gott in einer lebendigen Kommunion steht. Diese sakrale Welt unterscheidet sich aber radikal »von der profanen Gewöhnlichkeit der gefallenen und dem Tod zulaufenden Welt ohne lebendigen Bezug zu ihrem Schöpfer« (MICHAEL KUNZLER).

Eucharistische Verwandlung der Welt

Diese »sakrale Welt« ist uns eröffnet in der Feier der Eucharistie. Sie ist deshalb sehr viel mehr als ein naturhaftes Sättigungsmahl oder einfach ein feierlich-festliches Mahl, mit dem wir unsere Gemeinschaft zum Ausdruck bringen. In der Feier der Eucharistie begegnen wir vielmehr dem auferstandenen und in der Kraft seines Geistes gegenwärtigen Christus selbst. Mit dieser Überzeugung steht oder fällt unser christlicher Glaube. Denn ohne diese Glaubensüberzeugung wäre die Feier der Eucharistie nichts anderes als Totenkult und damit ein weiterer Ausdruck unserer Trauer über die Allmacht des Todes in der heutigen Welt. In der Feier der Eucharistie begegnet uns aber der Auferweckte selbst und ist in seinem Geist gegenwärtig. Christus ist der eigentliche Vorsteher der eucharistischen Liturgie.

Die christliche Kirche ist deshalb im Kern Eucharistie; und von der Eucharistie her wird Kirche immer wieder neu aufgebaut. Denn die Einheit der vielen Glaubenden in der Gemeinschaft der Kirche kommt von dem einen eucharistischen Brot und damit von dem einen Christus her. Christus schenkt uns seinen Leib, damit wir selbst zum Leib Christi werden. Diesen Lebenszusammenhang von Eucharistie und Kirche hat der heilige AUGUSTINUS auf die einprägsame Kurzformel gebracht: »Wenn ihr selbst also Leib Christi und seine Glieder seid, dann liegt auf dem eucharistischen Tisch euer eigenes Geheimnis ... Ihr sollt sein, was ihr seht, und sollt empfangen, was ihr seid.« In der Eucharistie gehen wir in das über, was wir empfangen. Wir empfangen den Leib Christi, um immer deutlicher und glaubwürdiger den Leib Christi in der Welt darzustellen und zu bilden.

Die Eucharistie wirkt deshalb über den Abschluss der liturgischen Feier hinaus. In der Leibhaftigkeit, die Christi Gegenwart in den eucharistischen Gaben angenommen hat, wird die Kirche von Christus auch weiterhin begleitet, auch auf ihrem Weg in den Alltag. Denn für Christen und Christinnen hört das Kirchesein beim Verlassen des Kirchengebäudes nicht auf. Wenn wir teilnehmen dürfen an der sakramentalen Feier der Selbsthingabe Jesu Christi für uns Menschen, dann sind wir auch gesandt, uns als lebendige Hostien im Alltag des Lebens den Menschen zur Verfügung zu stellen.

Der Gottesdienst will hinauswirken in die Welt, und er will vor allem unsere alltäglichen Beziehungen verwandeln. Denn jede Tendenz zur Absonderung und Trennung widerspricht der Feier der Gegenwart Jesu Christi in der Eucharistie. Seine Gegenwart wird vielmehr erst dort geglaubt und wirklich angenommen, wo wir uns in seine Existenzweise hineinnehmen und uns in seinen »Leib« verwandeln lassen. Papst JOHANNES PAUL II. erblickt sogar einen Lebenszusammenhang zwischen der Feier der Eucharistie und unserer öffentlichen Verantwortung, wenn er betont:»Wir alle, die an der heiligen Eucharistie teilnehmen, sind dazu aufgerufen, durch dieses Sakrament den tieferen Sinn unseres Handelns in der Welt für Entwicklung und Frieden zu entdecken.«

Alles, was Christen und Christinnen tun und lassen, darf im christlichen Verständnis als Gottesdienst gelten. Das ganze Leben des Christen und der Christin soll ein einziger Gottesdienst sein. Damit uns dies gelingt, brauchen wir aber immer wieder den Gottesdienst im heiligen Raum der Kirche. Hier danken wir Gott für seine Gegenwart in der Welt und für die neuen Augen, die er uns schenkt, damit wir seine Gegenwart auch im Alltag immer wieder erfahren können. Damit schließt sich der Kreis: Wir gehen am Sonntag in die Kirche, die dazu geweiht ist, uns den Dienst Gottes an uns Menschen zu ermöglichen. Wir verlassen aber die Kirche wieder, um unseren Menschendienst im Alltag neu zu beginnen.

Die Welt ist eine Nummer zu klein geraten,
um die unendliche Sehnsucht eines Menschen stillen zu können.

Kurt Tucholsky

8 DIE ANBETUNG

Vom menschlichen Hunger und dem Augenblick der Ewigkeit

»Verweile doch, o Augenblick, du bist so schön!« Diese Worte pflegen Menschen zu sagen, wenn sie in einer Liebesbeziehung mitten im Strudel der Zeit Oasen der Ewigkeit erleben dürfen und deshalb wünschen, dass die Zeit stehen bleibt. Indem sie sich gegenseitig in die Augen blicken, möchten sie am liebsten den »Augenblick« – im tiefen Doppelsinn dieses Wortes – festhalten. Solche Oasen der Ewigkeit mitten in der Zeit brauchen wir Menschen auch im Leben des Glaubens. Die christliche Tradition nennt sie die Zeit der Anbetung Gottes. Diese ist eine qualifizierte Zeit, die Zeit Gottes mitten in der Weltzeit und auch gegen sie, nämlich als Unterbrechung des natürlichen Zeitenlaufs. Anbetung Gottes ist der Einbruch der Ewigkeit in die Zeit der Welt, auch wenn es nur für die Zeitspanne eines »Augenblicks« ist.

Aufrechter Gang und Kniefall vor Gott

»Verweile doch, o Augenblick, du bist so schön!« Diese Worte werden auch Glaubenden immer wieder im Herzen hochsteigen, wenn sie die eucharistische Anbetung pflegen. Hier erleben sie den Augen-Blick schlechthin, nämlich den Blick Jesu Christi, der uns ansieht und uns sein An-Sehen schenkt, ja der uns ein solches Ansehen schenkt, dass wir im Herzen froh werden dürfen. Was aber wäre in der Welt und Kirche heute Not-wendiger als die Erfahrung der Gegenwart des Auferstandenen in unserem Leben? Diese Gegenwart Jesu Christi wird uns in besonderer Weise in der eucharistischen Anbetung geschenkt, in der wir Augen und Herzen ganz auf den richten, der uns auf eine so liebenswürdige Weise nahe sein will.

»Anbetung« ist freilich ein arg unmodernes Wort geworden. Auf das erste Zusehen hin ist dies sogar verständlich. Denn Anbetung bedeutet, dass Menschen vor Gott, und zwar im buchstäblichen Sinn, in die Knie gehen. In die Knie zu gehen empfinden Menschen heute aber weithin als Entwürdigung oder gar als Demütigung. Denn wir haben gelernt, den aufrechten Gang zu lieben, und haben Angst, das Rückgrat zu verlieren. Und dies mit bestem Recht! Denn in der Welt muss man »den Mann« und »die Frau stehen«, in der Welt darf man in der Tat vor niemandem in die Knie gehen, und in der Welt ist nichts und niemand anzubeten. Die Anbetung *Gottes* hingegen schenkt die heilsame Erfahrung: Nur wer ein starkes Rückgrat hat, kann sich so tief bücken, weil er dankbar erspürt, dass er seinen aufrechten Gang gerade dem verdankt, vor dem er in die Knie geht und den er anbetet. Den aufrechten Gang in der Welt lernt der Mensch im Kniefall vor Gott.

Solche Anbetung Gottes vermag nur im Lebensraum eines radikalen Vertrauens zu gedeihen. Denn Vertrauen bedeutet, sich selbst aus dem Gefängnis des eigenen Ich zu lösen und demjenigen, dem man begegnet, zu trauen und sich ihm anzuvertrauen. Da sich im Vertrauen aber die tiefste Sehnsucht des Menschen nach einer maßlosen Erfüllung seiner ebenso maßlosen Hoffnungen zum Ausdruck bringt, kann solches Vertrauen in der Welt nie aufgehen. Die Welt ist, um mit dem

Dichter KURT TUCHOLSKY zu sprechen, »eine Nummer zu klein geraten, um die unendliche Sehnsucht eines Menschen stillen zu können«. Diese tiefe Wahrheit äußert sich sogar noch in der Sucht, die nicht zufälligerweise in der heutigen Zeit so weit verbreitet ist. Denn selbst noch die Sucht ist ein Zeichen eines maßlosen Hungers, der in dieser Welt nie befriedigt werden kann.

Es ist kein Zufall, dass wir in der biblischen Botschaft immer wieder den Bildern von Hungern und Dürsten begegnen, um die tiefste Sehnsucht des Menschen auszudrücken. Der christliche Glaube weiß von einem maßlosen Hunger; ja er selbst ist dieser Hunger. Denn »christlicher Glaube ist heiß auf das, was kommt. Er gibt sich nicht zufrieden mit dem, was ist. Er ist auf den richtigen Geschmack gekommen für das, was wahr ist und bewährt, auch wenn es noch nicht voll da ist« (BISCHOF FRANZ KAMPHAUS).

Eucharistisches Gesetz der Überbietung

Die eucharistische Anbetung ist geradezu die Elementarschule der menschlichen Sehnsucht. Sie gibt nicht nur dem menschlichen Herzen Tiefe, sondern erweist sich auch als die beste geistliche Vorsorge dafür, dass die ganze Kirche mystischer, tiefer in Gott beheimatet und verwurzelt sein kann. Denn das ist sie nur dann, wenn im Mittelpunkt der Kirche nicht die Kirche, sondern Gott und sein Mysterium steht, wenn sich also in der Kirche nicht alles um die Kirche dreht – wie heute! –, sondern um Gott und sein Geheimnis.

Die Anbetung Gottes ist unser menschlicher Beitrag, damit Gott sein Wunder an uns wirken kann, wie im Evangelium von der Brotvermehrung (Joh 6,1-15) sichtbar wird: Andreas, der Bruder des Simon Petrus, entdeckt einen Knaben, der eine kräftige Brotzeit bei sich hat, genauerhin fünf Gerstenbrote und zwei Fische. Dies ist ganz gewiss nicht viel. Doch wenn dieses Wenige, das Menschen mitbringen und beitragen, von der Liebe Christi berührt wird, reicht es für alle Menschen, ja sogar für Tausende, die bei Jesus sind.

Die Erfahrung dieses Zusammenspiels unseres menschlichen Beitrags und des göttlichen Wunders dürfen wir auch immer wieder in der Feier der Eucharistie machen. Wir kommen mit unseren Gaben, die die erneuerte Liturgie als »Frucht der Erde und der menschlichen Arbeit« deutet. Wir bringen Brot und Wein vor den Herrn, und er wandelt die Gaben zum Brot des ewigen Lebens. Jesus Christus braucht unseren Beitrag, um das Wunder seiner Gegenwart zu wirken: Unser Brot wird sein Leib, damit sein Leib unser Brot wird. Wiederum ereignet sich die unerhörte Überbietung: Was in keinem Verhältnis zueinander steht – unsere Gaben und das Wunder der Wandlung in der Eucharistie –, dies wird von Christus in ein gutes Verhältnis gebracht in der Verwandlung, die er an der Frucht unserer Arbeit vollzieht. Darin geschieht die große Brotvermehrung der Eucharistie. In ihr werden wir, wie MECHTHILD VON MAGDEBURG sagt, »gesättigt mit dem ewigen Hunger«.

Vorschein der ewigen Vollendung

Damit dieses schöne Paradox der eucharistischen Sättigung mit ewigem Hunger in uns wirksam bleibt und im Alltag fruchtbar wird, dazu will die eucharistische Anbetung dienen. In ihr findet die Praxis der Anbetung überhaupt ihre dichteste Gestalt und ihre höchste Konzentration. Denn sie bringt zum Ausdruck, dass sich Christus selbst in der Eucharistie seiner Kirche schenkt und dass diese Gegenwart in den Gaben von Brot und Wein eine konkret sinnliche Gestalt findet, die genau so lange bleibt, wie die Kirche sich vollzieht. Die sakramentale Vergegenwärtigung Jesu Christi ereignet sich ja nicht »bloß« um einer liturgischen Feier willen, sondern primär für die Kirche selbst. Deshalb wird die Kirche, solange sie lebt und glaubt, von Christus auch weiterhin begleitet, in der Konkretheit und Leibhaftigkeit, die seine Begleitung in den eucharistischen Gaben angenommen hat. In diesen eucharistischen Gaben lebt die Eucharistie gleichsam kristallisiert weiter, selbst wenn der Vollzug der Liturgie abgeschlossen ist.

Es kann somit keine Konkurrenz zwischen Kommunion in der Eucharistie und eucharistischer Anbetung geben. Beide fördern sich vielmehr wechselseitig. Denn die Teilhabe am Tisch des Herrn in der Kommunion will über sich hinausreichen: einerseits in die alltägliche Kommunikation der Christen und Christinnen untereinander und anderseits in die persönliche Kommunikation des einzelnen Christen und der Christin mit Christus, die ihren Höhepunkt in der Anbetung findet. Nur in diesem Klima der Anbetung kann die Feier der Eucharistie ihre Größe und Kraft erhalten. Deshalb sind Kommunion und eucharistische Anbetung eins: Die eucharistische Anbetung ist das »Dauern der Kommunion und mit ihr auch das Dauern der Gemeinde in den Alltag und in das Tiefste des Persönlichen hinunter« (JOSEPH KARDINAL RATZINGER).

Die eucharistische Anbetung verlebendigt und praktiziert damit das gläubige Vertrauen, dass Christus seiner Kirche treu bleibt und dass seine eucharistische Gegenwart unter uns Menschen so lange nicht aufhört, wie die Kirche lebt und glaubt. Zugleich weist die Anbetung über das jetzige irdische Leben voraus auf das ewige Leben, das im Kern Verweilen in der dankbaren Anbetung des absoluten Geheimnisses Gottes ist. Dann wird die Anbetung Gottes nicht mehr bloß ein »Augenblick« sein, eine Oase der Ewigkeit mitten in der Zeit, sondern bleibende Gegenwart. Dann wird Gott »weder auf dem Berg noch in Jerusalem« angebetet werden, sondern für alle Ewigkeit »im Geist und in der Wahrheit« (Joh 4,21.23). Die eucharistische Anbetung ist deshalb auch eine schöne Vorerfahrung der ewigen Vollendung mitten in der Zeit.

BEWÄHRUNG IM WIDERSTAND

Das Kreuz leben

Die Sprache des Gebets ist Sprache der Klage und Anklage,
Sprache des Aufschreis.
Johann Baptist Metz

9 DIE KLAGE
Von den Wunden unseres Lebens und dem Wunder des Gebets

Im durchschnittlichen Bewusstsein der heutigen Christen und Christinnen steht das Bild von Jesus als eines sehr sanften und gutmütigen, liebenswürdigen und erbarmungsvollen Menschen im Vordergrund. Die Begegnung Jesu mit einer kanaanäischen Frau im Gebiet von Tyrus und Sidon, von der die Evangelien erzählen, fügt sich aber nicht in den Rahmen dieses weitverbreiteten Jesusbildes ein.

Ein irritierendes Jesusbild

Äußerst schroff weist Jesus die eindringliche Bitte dieser Frau um Befreiung ihrer Tochter von einem bösen Dämon zurück. Im Evangelium heißt es lapidar, dass ihr Jesus überhaupt keine Antwort gibt. Er lässt sie vielmehr gleichsam links liegen. Als die Frau weiter bittet, antwortet er beinahe unanständig:»Es ist nicht recht, das Brot den Kindern wegzunehmen und den Hunden vorzuwerfen« (Mt 15,26). Denn Jesus weiß sich nur »zu den verlorenen Schafen des Hauses Israel« (Mt 15,24) gesandt, nicht hingegen zu den Kanaanäern. Selbst der Einwurf der Jünger, er solle doch die Bitte der Frau erfüllen, damit deren Geschrei endlich aufhöre, beeindruckt Jesus nicht und stimmt ihn schon gar nicht um. Mit aller Kraft und selbst mit theologischen Argumenten versucht Jesus der Frau standzuhalten, indem er sich weigert, ihrer Bitte nachzukommen. Jesus verhält sich eigentümlich kühl und distanziert. Dies entspricht ganz und gar nicht jenem Bild, das wir uns heute von Jesus zurechtgeschneidert haben. Es begegnet uns vielmehr das Bild eines schroff abweisenden und sich uninteressiert zurückziehenden Jesus.

Mit dieser einschneidenden Korrektur unseres durchschnittlichen Jesusbildes ist freilich noch keineswegs das Entscheidende ausgesagt. Ganz im Gegenteil: Würden wir unser Augenmerk nur darauf lenken, wäre die eigentliche Pointe des Evangeliums gerade verfehlt. Diese liegt nämlich darin, dass Jesus sich am Ende lernfähig zeigt und der Bitte der Frau doch entspricht, indem er ihre Tochter heilt. Ja, man muss geradezu sagen, dass Jesus sich aufgrund des eindringlichen und aufdringlichen Bittens der Frau bekehren lässt. Damit aber stellt sich von selbst die Frage, was zwischen dem hartnäckigen Bitten der Frau und der ebenso hartnäckigen Weigerung Jesu, auf das Bitten der Frau einzugehen, steht und was sich ereignet hat. Die Antwort liegt in der Reaktion Jesu auf die nochmalige Entgegnung der Kanaanäerin:»Ja, du hast Recht, Herr. Aber selbst die Hunde bekommen von den Brotresten, die vom Tisch ihrer Herren fallen«. Darauf antwortet Jesus:»Frau, dein Glaube ist groß. Was du willst, soll geschehen.« Jesus lässt sich beeindrucken vom Glauben der Frau. Was muss dies für ein Glaube sein, dass Jesus sich sogar »bekehren« lässt?

Sprache offengelegter Wunden

Das Erste, was die fremde Frau ruft, ist: »Hab Erbarmen mit mir, Herr, du Sohn Davids! Meine Tochter wird von einem Dämon gequält.« Die kanaanäische Frau weiß darum, dass ihre Tochter von einem so schweren Leiden gequält wird, dass ihr nur noch Jesus helfen kann, den sie vertrauensvoll als »Sohn Davids« anspricht. Es ist genau diese Erfahrung der Hilflosigkeit und der Angewiesenheit auf Rettung, die die kanaanäische Frau so ungestüm und unerbittlich bitten lässt. Die Erfahrung des Leidens und des Schmerzes, der Ohnmacht und der Hilflosigkeit ist zwar noch nicht Glaube, aber die eigentliche Voraussetzung für den Glauben. Das Eingeständnis des Leidens ist die wahre Gebärmutter des Glaubens. Denn Glauben heißt, restlos auf einen anderen und dessen Hilfe angewiesen zu sein. Glaube ist deshalb nicht möglich ohne den Mut, sich den Katakomben des eigenen Lebens auszusetzen.

Liegt das eigentliche Glaubensproblem so vieler Menschen heute nicht darin, dass sie sich nicht mehr getrauen, der schmerzlichen Abgründe ihres Lebens ansichtig zu werden, und deshalb in der Versuchung stehen, ihre Leiden nicht wahrhaben zu wollen, sondern sie zu verdrängen? Sie pflegen die Kunst, ihre leiblichen wie seelischen Wunden mit Heftpflastern zu verdecken, und sind dann freilich erstaunt, dass das im Evangelium uns zugesprochene Wort Gottes nicht als Balsam wirken kann, dass vielmehr seine befreiende Wirkung ausbleibt. Mit dem Evangelium verhält es sich aber wie mit dem medizinischen Balsam. Wie die Wunden nur geheilt werden können, wenn man sie nicht sofort verpflastert, sondern offenlegt, um den Balsam in direkten Kontakt mit den Wunden zu bringen, so ist es auch mit dem Wort Gottes. Nur wenn wir uns nicht scheuen, zu unseren Leiden und Wunden zu stehen und sie uns einzugestehen, kann das Evangelium als Balsam wirken.

Wer den Mut aufbringt, die eigenen Wunden offen- und bloßzulegen, der spürt von selbst, dass er angewiesen ist auf Heilung, und er beginnt zu bitten und zu schreien wie die kanaanäische Frau. Dies heißt im Tiefsten glauben; und die elementarste Sprache des Glaubens ist das Beten. Denn die Sprache des Betens ist gerade nicht eine Sprache, die sich abschließt und immunisiert gegenüber den Erfahrungen des Leidens und der Trostlosigkeit. Die Gebetssprache ist vielmehr »Sprache dieses Leidens, Leidenssprache und Krisensprache, Sprache der Klage und der Anklage, Sprache des Aufschreis und des ›Murrens der Kinder Israels‹« (JOHANN BAPTIST METZ). Von daher zeigt sich auch, dass die Sprache des Gebetes unübertragbar ist und dass der Mensch, wenn er seine Gebetssprache verliert, im buchstäblichen Sinn auch seine Sprache für die schmerzlichen Situationen und Erfahrungen des Leidens überhaupt verliert. Umgekehrt aber vermag das Gebet dort, wo es einem Menschen die Sprache verschlagen hat, ihm doch noch eine Sprache zu geben; und dies ist ungemein befreiend.

Wunder des Gebets

Die kanaanäische Frau lehrt auch uns Christen heute, dass die Bitte um Rettung die Grundform allen Betens und dass das Gebet der Ernstfall des Glaubens ist. Dabei ist es genau dieser Glaube der Frau, der Jesus fasziniert und der ihn sich bekehren lässt. Wenn daraufhin geschieht, was die Frau gewollt hat, wenn sich also das Wunder einstellt, dann rechnet es Jesus gerade nicht sich selbst zu, sondern er betrachtet es als Folge des Glaubens dieser Frau: »Dein Glaube ist groß. Was du willst, soll geschehen.« Wirklicher Glaube vermag unendlich viel. Er vermag Wunder zu wirken, wenn wir von seiner Kraft und seiner Ausdrucksform im Gebet überzeugt sind.

Der Einwand liegt freilich nahe, dass dies schöne Worte seien, die durch unsere alltäglichen Erfahrungen nicht abgedeckt sind. Liegt die Not unserer Gebete nicht gerade darin, dass sie oft ohne Antwort bleiben, dass wir uns zwar an Gott wenden, er aber stumm und ohne Reaktion bleibt? Diese schmerzliche Erfahrung der Abwesenheit Gottes in unserem Beten und der Wirkungslosigkeit unserer Gebete darf man auf keinen Fall schönfärberisch wegreden. Dennoch muss die Frage erlaubt sein, ob die Antwortlosigkeit unserer Gebete nicht auch damit zusammenhängen könnte, dass wir die Antwort Gottes dort suchen, wo sie nicht zu finden ist, und dass wir sie dort nicht finden, wo sie allein gesucht werden kann.

Besser als mit vielen Worten lässt sich dieses abgründige Geheimnis des Gebets und seiner Erhörung mit einer rabbinischen Legende verdeutlichen: Ein Schüler, der zwar betet, aber im Gebet keine Antwort erhält, geht zu seinem weisen Rabbi und trägt ihm seine Not vor. Dieser antwortet ihm, scheinbar ohne auf seine Frage einzugehen, er solle die vor ihm liegende geflochtene Zeine, mit der üblicherweise die Kartoffeln vom Feld heimgetragen werden, ergreifen, zum Brunnen gehen und Wasser holen. Der Schüler tut, was ihm der Rabbi aufgetragen hat. Doch auf dem Rückweg vom Brunnen verliert er alles Wasser, das durch die kleinen Öffnungen hindurchgeflossen ist. Enttäuscht wendet sich der Schüler an den Rabbi und bemerkt, dass es sich mit dem Gebet genauso verhalte. Der Rabbi hingegen ermuntert den Schüler, es nochmals zu versuchen. Doch das Ergebnis ist dasselbe: Das Wasser hat die Zeine wieder verlassen. Der Rabbi fordert den Schüler ein drittes Mal auf. Murrend versucht es der Schüler nochmals. Da es ihm aber wiederum nicht gelungen ist, mit der Kartoffelzeine vom Brunnen Wasser zurückzutragen, ruft der Schüler voller Enttäuschung und Resignation aus: »Jetzt hast auch du den Beweis, dass das Gebet überhaupt nichts nützt. Wie das Wasser nicht in der Zeine geblieben ist, so rinnen auch meine Gebete gleichsam zwischen den Fingern Gottes hindurch.« Doch der Rabbi antwortet: »Du Dummkopf, hast du noch immer nicht bemerkt, dass inzwischen die Zeine endlich sauber geworden ist!«

Verhält es sich mit unserem Gebet nicht oft auch so, dass es an uns etwas bewirkt, dass es uns reinigt? Sind wir deshalb nicht gut beraten, sensibel zuzusehen, was das Beten bei uns selbst auslöst, statt dort nach seinen Wirkungen zu suchen, wo sie nicht zu finden sind? Das Evangelium von der Begegnung Jesu mit der kanaanäischen Frau zeigt uns aber auch, dass die Hartnäckigkeit des glaubenden Gebets nicht nur beim Betenden etwas bewirkt, sondern auch und gerade bei Jesus selbst. Es ist die unerschütterliche Glaubensfestigkeit der kanaanäischen Frau, die auf Jesus einen so großen Eindruck macht, dass sich seine anfängliche Widerborstigkeit in bereitwillige Zuwendung verwandelt. Das Evangelium enthält die gute Nachricht, dass Jesus selbst lernfähig ist, wenn er auf unerschütterlichen Glauben stößt. Damit stellt das Evangelium auch uns die Frage, ob auch wir so lernbereit sind, dass wir vom Glauben anderer Menschen zu lernen vermögen, auch und gerade von Menschen, denen wir solchen Glauben so wenig zutrauen, wie ihn Jesus von der kanaanäischen Frau erwartet hat. Das Evangelium zeigt uns schließlich, dass der Glaube voller Überraschungen ist und dass der Schrei des Gebetes auf Antwort hoffen darf. Glaube und Gebet könnten Wunder wirken – auch heute.

Ich will mich allein des Kreuzes Jesu Christi, unseren Herrn,
rühmen,
durch das mir die Welt gekreuzigt ist und ich der Welt.

Paulus

IO DIE OHNMACHT
Von der Logik der Feindesliebe Gottes

Wir Menschen bevorzugen bestimmte Orte, zu denen es uns immer wieder hinzieht. Sei dies der Geburtsort, sei dies die Trauungskirche oder sei dies der Platz, an dem sich Menschen zum ersten Mal begegnet sind: Solche Orte spielen manchmal eine große Rolle, weil wir uns an ihnen zu Hause fühlen und um unsere Identität wissen. Die Kernmitte des christlichen Glaubens enthält die tröstliche, aber auch herausfordernde Botschaft, dass Gott selbst einen solchen Ort kennt, an dem er von uns Menschen immer wieder neu gefunden und erkannt sein will. Dieser Ort markiert ein Stück unserer menschlichen und menschheitlichen Geschichte, nämlich das Kreuz Jesu Christi auf Golgota. Als Christen und Christinnen sind wir eingeladen, uns immer wieder an diesen Ort zu begeben, an dem wir unsere christliche Identität finden können.

Das Kreuz Jesu als anstößiger Ort Gottes in der Welt

Das Kreuz ist das entscheidende Erkennungszeichen des christlichen Glaubens, weil Jesus mit seiner Salbung durch den Tod am Kreuz der Gesalbte schlechthin geworden ist, nämlich der Messias: Christus. An diesem Kreuz des Gesalbten haben wir alle Anteil erhalten durch unsere Salbung in der Taufe auf den Namen Jesu Christi. Denn getauft werden heißt im buchstäblichen Sinn sterben und als neue Menschen auferstehen, wie Paulus im Römerbrief unmissverständlich betont. Wenn wir uns in diese letzte Tiefe des Geheimnisses unserer Taufe einbergen, können auch wir nicht anders, als mit Paulus von Christus und deshalb auch von uns zu bekennen: »Zwar wurde er in seiner Schwachheit gekreuzigt, aber er lebt aus Gottes Kraft. Auch wir sind schwach in ihm. Aber wir werden zusammen mit ihm vor euren Augen aus Gottes Kraft leben« (2 Kor 13,4).

Solche Worte kommen heute freilich nicht mehr leicht auf die Lippen, oder sie passieren nicht einmal die Zensur des Kopfes. Die Botschaft vom Kreuz gehört heute für viele Menschen und selbst für Christen zu den am meisten zerschlissensten Worten des christlichen Glaubens. Wohl kaum ein anderer Glaubensartikel steht derart auf der Anklagebank der Menschlichkeit wie die Kreuzesbotschaft unseres Glaubens. Es fällt vielen Menschen und Christen deshalb schwer, im Kreuz überhaupt noch ein Symbol unseres Glaubens wahrzunehmen. Sie haben vielmehr ein regelrechtes »Kreuz« mit dem Kreuz. Denn sie vermögen hinter dem Kreuz Jesu nichts anderes mehr wahrzunehmen als das Bild Gottes als eines grausamen Herrschers, dessen unnachsichtige Gerechtigkeit ein Menschenopfer, und zwar das Opfer seines eigenen Sohnes, verlangt und der Vergebung keinesfalls unbedingt, sondern nur aufgrund des am Kreuz vergossenen Blutes gewährt.

»So verbreitet dieses Bild ist, so falsch ist es.« So hat JOSEPH KARDINAL RATZINGER mit Recht geurteilt. Denn in der Botschaft des Neuen Testaments erscheint das Kreuz Jesu gerade nicht als ein Geschehen im verhängnisvollen und unbarmherzigen Regelkreis des beleidigten Rechtes, sondern als der äußerste Ausdruck der Radikalität der Liebe Gottes zu uns Menschen. In der Sicht des Neuen Testamentes ist es deshalb nicht der Mensch, der zu Gott geht und ihm eine ausgleichende Gabe bringt. Gott kommt vielmehr zu uns Menschen, um uns zu geben. Das Neue Testament sagt deshalb gerade nicht, dass wir Menschen Gott versöhnen, wie wir es eigentlich mit unseren menschlichen Augen erwarten müssten, da ja wir gefehlt haben und nicht Gott. Das Neue Testament verkündet vielmehr, dass »Gott in Christus die Welt mit sich versöhnt hat« (2 Kor 5,19). Darin besteht das Unerhörte der christlichen Kreuzesbotschaft und die Wende, die das Christentum in die Religionsgeschichte gebracht hat: Gott wartet nicht, bis die Schuldigen kommen und sich versöhnen. Aller Erfahrung nach könnte er da lange warten. Nein, Gott geht ihnen – wie der Vater im Gleichnis vom barmherzigen Sohn – entgegen, und er versöhnt sie.

Göttliche Logik radikaler Liebe

»Gott hat die Welt so geliebt, dass er seinen einzigen Sohn hingab, damit jeder, der an ihn glaubt, nicht verloren geht, sondern das ewige Leben hat« (Joh 3,16). Diese tiefen Worte enthalten die neutestamentliche Botschaft vom Kreuz, und diese ist eindeutig eine Botschaft nicht von Strafe und Gericht, sondern von Liebe und Rettung. In der offenbar gewordenen Logik der radikalen Liebe braucht der Gott Jesu kein Blut zu seiner Besänftigung. Sein Heilswille besteht vielmehr darin, dass der Gute Hirte selbst dann nicht von seiner liebenswürdigen Suche nach dem Verlorenen ablässt, wenn die bösen Kräfte in den Menschen voll entbrennen und den Guten Hirten selbst treffen. Der Kreuzestod Jesu ist keine Ausgleichgabe für einen rachesüchtigen und blutrünstigen Gott. Der Kreuzestod Jesu offenbart uns vielmehr das konsequente Handeln eines grenzenlos liebenden Gottes, der den Menschen selbst bis in die tiefsten Abgründe und verborgensten Katakomben eines durch-Kreuz-ten Lebens hinein nahe sein will. Das Kreuz ist die »Erscheinung der größten Liebe Gottes« (MILOSLAV KARDINAL VLK).

Wenn wir uns dem Geheimnis des Kreuzes Jesu öffnen, stoßen wir auf die Erfahrung der Verlassenheit Jesu am Kreuz und auf seinen Schrei:»Mein Gott, mein Gott, warum hast du mich verlassen?« (Mk 15,34). Das ist die Erfahrung der Hölle. Im klaren Bewusstsein der Nähe Gottes sich zugleich von ihm verlassen zu erfahren: dies ist im buchstäblichen Sinn Hölle. Diese Erfahrung konnte eigentlich nur Jesus machen, weil er sich wie kein anderer so sehr mit Gott, den er zärtlich-intim »Abba« nannte, verbunden wusste. Aber gerade in der Erfahrung des Verlassenseins blieb der Blick Jesu auf den Vater gerichtet und überließ er sich den Händen seines Vaters. Insofern verrät der Schrei des verlassenen Jesus am Kreuz nicht nur die Angst eines Verzweifelten, sondern vor allem das Gebet des Sohnes, der sein Leben dem Vater in Liebe darbringt, um allen das Heil zu bringen.

Wenn wir die abgründige Erfahrung der Verlassenheit Jesu am Kreuz bedenken, dann liegt darin der größte Trost, den das Kreuz Jesu uns Menschen bereithält. Diesen Trost haben die großen Heiligen unserer Kirche jeweils beim Kreuz gesucht und auch gefunden. Diesen Trost dürfen auch in der heutigen Welt vor allem jene zahllosen Menschen suchen und finden, die sich verlassen fühlen. Wenn sogar Jesus in der schrecklichen Passion seiner Seele den Blick auf den Vater richtet, dann dürfen auch die verlassensten Menschen darauf hoffen, dass Gott auch bei ihnen selbst in der Erfahrung seiner Abwesenheit noch anwesend sein will. Und wir Christen und Christinnen sind eingeladen und herausgefordert, in den Menschen, die sich verlassen fühlen, den verlassenen Jesus selbst wahrzunehmen. Damit uns dies gelingen kann, legt Papst JOHANNES PAUL II. in seinem Pastoralprogramm »Novo millennio ineunte« einen besonderen Akzent auf die Betrachtung des Anlitzes Jesu Christi voller Schmerzen:»Um dem Menschen das Angesicht des Vaters zurückzugeben, musste Jesus nicht nur das Gesicht des Menschen annehmen, sondern sich sogar das ›Gesicht‹ der Sünde aufladen.«

Menschliche Grausamkeit und Feindesliebe Gottes

Am Kreuz Jesu ist uns Gott offenbar, der die von Jesus uns Menschen zugemutete Feindesliebe in äußerster Konsequenz praktiziert. Da gerade nicht Gott, sondern Menschen Jesus getötet haben, ist die christliche Rede vom Kreuz eine intensive Verkündigung über das unvorstellbare Wunder der Liebe Gottes. Denn die Grausamkeit des Kreuzes hätte in den Augen von uns Menschen Rache bis zum Letzten bedeuten müssen, damit die Welt wieder in Ordnung wäre. Entgegen jeder typisch menschlichen Reaktion setzt Gott selbst aber am Kreuz aller Rache und Vergeltung ein unmissverständliches Ende und praktiziert seine grenzenlose Feindesliebe.

Am Kreuz Jesu erweist sich nicht Gott als grausam. Vielmehr bildet die Grausamkeit der Menschen den Anlass, von der schlechthin wunderbaren Zuwendung Gottes zu den Menschen zu sprechen. Am Kreuz ist Gott offenbar als der Lebendige, der auf die menschliche Steigerung des Bösen nicht mit Vergeltungsmechanismen reagiert, sondern mit der Steigerung seiner unendlichen Liebe, die die Bereitschaft einschließt, Leiden auf sich zu nehmen. Denn in der Liebe des sterbend sich hingebenden Jesus geschieht die Selbstinvestition der Feindesliebe Gottes in die ihm entfremdete Menschheit hinein. So ist das Kreuz Ausdruck und Summe menschlicher Grausamkeit und Ausdruck und Summe der Feindesliebe und Versöhnung Gottes.

Unter dem Kreuz und zum Kreuz stehen

Von daher sind wir eingeladen, neu zu bedenken, dass unter dem Kreuz die Kirche steht und entsteht, genauerhin dort, wo Jesus Johannes der Maria anvertraut und Maria dem Johannes anheimgegeben hat. Wenn es anschließend im Johannesevangelium heißt, dass der Jünger »von jener Stunde an« Maria zu sich nahm (Joh 19,27), dann dürfen wir darin die tiefste Wurzel der Kirche wahrnehmen. Diese schöne Szene zeigt, dass die Kirche immer Kirche unter dem Kreuz ist.

Wenn wir die Zeichen der heutigen Zeit und ihre Herausforderungen an die Kirche ernst nehmen, dann weist uns Gott gerade heute diesen Ort unter dem Kreuz unerbittlich zu. Denn in unseren säkularisierten Ländern Europas ist eine feindselige Haltung gegen das Christentum vor allem in bestimmten Medien mit Händen zu greifen. Wir sind herausgefordert, unter dem Kreuz zu stehen und dabei in neuer Weise zu lernen, zum Kreuz zu stehen. Dazu werden wir freilich nicht nur von der heutigen Situation her gedrängt, sondern auch und vor allem aus dem Innern unseres Glaubens selbst heraus. Denn wenn wir als Kirche unter dem Kreuz und zum Kreuz stehen, und zwar gelegen oder ungelegen und nicht bloß gelegentlich, dann kommt uns jener »Lehrstuhl des Kreuzes« zu, von dem AUGUSTINUS im Blick auf das Martyrium des heiligen Stephanus gesprochen hat. AUGUSTINUS erinnert dabei an dessen Gebet im Augenblick seines Sterbens: »Herr rechne ihnen die Sünde nicht an«, das der Gebetsbitte Jesu am Kreuz entsprochen hat: »Vater, vergib ihnen, denn sie wissen nicht, was sie tun«. Von daher sagt AUGUSTINUS: »Sedebat in cathedra crucis et docebat Stephanum regulam pietatis« – »Er saß auf dem Lehrstuhl des Kreuzes und lehrte den Stephanus die Regel der Hingabe an Gott.«

Der Lehrstuhl des Kreuzes behaftet uns Christen bei unserem Glauben, und er fordert uns heraus, uns auf das Kreuz als Kernmitte unseres Glaubens zu verpflichten. Und er weist uns als Jünger und Jüngerinnen des Gekreuzigten aus, die allen Grund haben, Gott mit den Worten des Paulus zu loben: »Ich aber will mich allein des Kreuzes Jesu Christi, unseres Herrn, rühmen, durch das mir die Welt gekreuzigt ist und ich der Welt« (Gal 6,14).

Christus sucht Veronika-Hände und Simon-Hände,
die bereit sind, große Kreuze zu tragen.

Joseph Kardinal Ratzinger

II DIE NACHFOLGE
Vom Kreuz Jesu und den Kreuzen der Christen

Viele Menschen und selbst Christen bekunden heute große Mühe mit der Kreuzesbotschaft des christlichen Glaubens, und sie erblicken im Kreuz Jesu manchmal kaum mehr als einen bedauerlichen »Betriebsunfall« in der Lebenspraxis Jesu, den wir heute mit einiger Vorsicht besser zu vermeiden versuchen. Erst recht bereitet ihnen das Wort Jesu, das zur Kreuzesnachfolge aufruft, Probleme: »Wer nicht sein Kreuz trägt und mir nachfolgt, der kann nicht mein Jünger sein« (Lk 14,27). So, wie das Jesus-Wort von der Kreuzesnachfolge nun einmal dasteht, bindet es aber die Gemeinschaft jedes einzelnen Christen und jeder Christin mit Jesus Christus an nichts weniger als an die Bereitschaft zum Martyrium, an die Bereitschaft, mit Jesus den Leidensweg bis zum bitteren Ende seines Verbrechertodes am Kreuz zu gehen.

Das Kreuz Jesu und das Kreuz der Christen

Es gilt, der abweisenden Schroffheit dieses Wortes standzuhalten. Sonst besteht die Gefahr, dass wir die großen Worte unseres christlichen Glaubens – wie das von der Kreuzesnachfolge – so verharmlosen und entleeren könnten, bis sie nichts mehr besagen und unserem Leben keine Orientierung mehr zu geben vermögen. Vielleicht geht uns angesichts dieser Gefahr zunächst auf, wie tief sich unsere heutige Lebenssituation als Christen und als Kirche von derjenigen dieses Jesus-Wortes und auch der urchristlichen Gemeinden unterscheidet. Denn die ersten Christen haben die Aufforderung Jesu zur Kreuzesnachfolge im buchstäblichen Sinne verstehen und erfahren müssen. Sich zu Jesus als dem Christus zu bekennen konnte damals sehr real bedeuten, den brutalen Weg des Leidens und Sterbens für den Glauben an Jesus Christus gehen zu müssen. Dies blieb nicht auf die Anfänge des Christentums beschränkt. Verfolgungs- und Leidenssituationen hat es in der Geschichte der Christenheit vielmehr immer wieder gegeben. Auch unsere Gegenwart ist nicht frei davon, wenn wir beispielsweise nach Lateinamerika blicken, wo man für unsere Gegenwart ein ganzes Martyrologium schreiben könnte.

Wenn wir ehrlich zu uns selbst sind, müssen wir aber eingestehen, dass dies unsere Lebenssituation nicht ist: In unserer heutigen Gesellschaft wird das christliche Bekenntnis nicht verfolgt; es wird höchstens müde belächelt und in den Medien manchmal bis zur Geschmacklosigkeit lächerlich gemacht. Wer sich in der Öffentlichkeit zu Jesus Christus bekennt, muss aber nicht mit dem Martyrium rechnen. Diesen großen Abstand zwischen unserer heutigen Situation und derjenigen der frühen christlichen Märtyrer oder heutiger Christen und Christinnen in anderen Regionen der Welt sollten wir uns immer wieder deutlich vor Augen führen. Wir brauchen darob kein schlechtes Gewissen zu bekommen. Es kann für uns vielmehr Anlass zu Dankbarkeit gegenüber Gott werden, dass wir unseren christlichen Glauben und unsere Zugehörigkeit zur Kirche nicht mit Verfolgung, Leiden und Tod bezahlen müssen.

Das Kreuz Jesu: Einsatz für das Leben

Ist das Wort Jesu von der Kreuzesnachfolge für uns damit gegenstandslos geworden? Ganz im Gegenteil! Erst nach unserem ehrlichen Eingeständnis, dass das Wort von der Nachfolge des Kreuzes zunächst ganz im Gegensatz zu unserer heutigen Lebenssituation steht, kann es in unsere Situation hinein sprechen und sein klärendes Licht auf unser Leben werfen. Denn nun fällt an diesem Wort plötzlich etwas auf, über das man zumeist schnell hinwegliest. Es ist nämlich nicht davon die Rede, dass wir Christen das Kreuz Jesu nachtragen sollen. Jesus sagt gerade nicht: »Wer nicht *mein* Kreuz trägt ...«, wohl aber: »Wer nicht *sein* Kreuz trägt und mir nachfolgt, der kann nicht mein Jünger sein« (Lk 14,27). Unser heutiger Weg als Christen und Christinnen braucht also gar nicht mit dem Leidens- und Kreuzweg Jesu identisch zu sein. Wir haben nicht die Welt mit Gott zu versöhnen; denn dies ist Jesu Werk. Der besondere Weg Jesu ans Kreuz ist deshalb gerade nicht unser Weg; denn diesen, seinen Weg ist er für uns gegangen. Vielmehr verweist uns Jesu Wort von der Kreuzesnachfolge in unser eigenes Leben hier und heute.

Was bedeutet für uns heute das Kreuz, das ein jeder in der Nachfolge Jesu auf sich zu nehmen hat? Sind es etwa die vielen Widerwärtigkeiten unseres Alltags wie Streit und Einsamkeit, wie das Zerbrechen einer Freundschaft oder das Nicht-Reüssieren in der beruflichen Karriere? Oder sind es die unabdingbaren Wechselfälle unseres Lebens wie Krankheit, Leiden und Sterben? All dies kann gewiss eine besondere Form unserer Kreuzesnachfolge sein. Aus sich selbst heraus freilich ist es dies noch lange nicht. Zur Kreuzesnachfolge wird es vielmehr erst, wenn es sich um das Kreuz »um Jesu und seines Evangeliums willen« handelt. Auch heute sucht Christus »Veronika-Hände und Simon-Hände, die bereit sind, große Kreuze zu tragen« (JOSEPH KARDINAL RATZINGER).

An Jesu Leben und Sterben müssen wir uns orientieren, wenn wir von »unserem Kreuz« redlich und vor allem christlich reden wollen. Dann aber zeigt sich: Nicht Selbstbewahrung, sondern Selbstpreisgabe ist das Gesetz von Jesu Leben. Doch gerade deshalb hat Jesus sein eigenes Leiden und Kreuz weder gesucht noch ersehnt. Er hat vielmehr gegen alle Formen des Leidens, die ihm begegneten, engagiert gekämpft: gegen das Leiden, das den Menschen spürbar belastet in leiblicher Krankheit, seelischer Angst und sozialer Ächtung. Genau dieser Kampf gegen das Leiden aber hat ihn ans Kreuz geführt und hat ihn das Leben gekostet. Jesu Tod am Kreuz ist folglich das ernste Fazit seines Lebens, das Ergebnis seiner konsequent durchgehaltenen Orientierung am Willen Gottes für das Leben der Menschen. An seiner Liebe zu uns Menschen ist er gestorben. Denn Liebe als Einsatz für den anderen ist wesentlich Einsatz der eigenen Person, ja Hingabe, die bis zur Selbstaufgabe gehen kann.

Unsere Kreuze und die Konsequenzen des Christseins

Wie Jesus selbst brauchen auch wir heute unser Kreuz keineswegs zu suchen, gleichsam als gäbe es in unserer Welt nicht schon genug Kreuze. Wir würden damit ohnehin nur verraten, dass wir desjenigen Kreuzes noch nicht ansichtig geworden sind, das zu tragen uns die Nachfolge Jesu heute von selbst aufgibt. Dieses Kreuz aber liegt in den Konsequenzen unseres Christseins, indem wir uns im Sinne des Evangeliums Jesu für die Lebendigkeit und Menschlichkeit des Menschen einsetzen – und dann allerdings das Kreuz riskieren. Von daher wird das Wort Jesu von der Kreuzesnachfolge für uns heute bedeuten: Nur derjenige kann ein Jünger Jesu sein, der die ganz persönliche Sendung seines christlichen Lebens mit allen ihren Konsequenzen und Risiken auf sich zu nehmen bereit ist.

Welche Konsequenzen nehmen wir für unser Christsein auf uns? Was lassen wir uns unser Christsein kosten? Ist es ein kostbares Christsein oder ein Christentum gleichsam zu herabgesetzten Preisen? Haben wir den Mut, uns der unbequemen Schroffheit der evangelischen Zumutung Jesu auszusetzen, oder propagieren wir ein harmloses Anbiederungschristentum, das überall auf eine möglichst grenzenlose

Offenheit setzt und eine Kirche des mühelosen Zutritts, einer weitgehenden Unverbindlichkeit und moralischer Billigstangebote intendiert? Machen wir uns stark für eine glaubwürdige und deshalb auch unbequeme Kirche, oder favorisieren wir bloß eine »church light«? Leben wir aus der teuren Gnade Gottes, die in unser Leben eingreift, oder aus der billigen Gnade Gottes, die wir vor allem mit uns selbst haben? Diese Fragen lassen sich allerdings nicht allgemein beantworten. Vielmehr wird sie jeder für sich persönlich beantworten müssen. Denn das Kreuz, das einer in der Nachfolge Jesu auf sich zu nehmen hat, kann heute verschiedene Namen tragen: Das Kreuz kann eine schwere Krankheit sein, die ein Mensch im Glauben durchleidet und gerade dadurch anderen Menschen zur Ermutigung wird. Das Kreuz kann der Schmerz von Eltern sein, die ihr Kind auf schiefe Wege geraten sehen und es dennoch nicht verstoßen. Das Kreuz kann öffentliche Blamage heißen für den, der sich im Namen des Evangeliums für mehr Gerechtigkeit unter den Menschen und Völkern und für die Achtung der Würde des menschlichen Lebens in allen seinen Phasen einsetzt. Das Kreuz kann Prestigeverlust heißen für den, der sich auch in seinem Beruf und in der öffentlichen Tätigkeit nach dem Evangelium ausrichten will und dieses deshalb nicht einfach nach dem Sonntagsgottesdienst wieder ins Büchergestell zurückbringt.

Gemeinschaft mit dem Tod Christi in der Taufe: Hoffnung auf Leben

In diesem Sinne könnte man lange fortfahren und eine eigentliche Litanei heutiger Kreuze aufstellen. Von dieser Litanei aber kann sich kein Getaufter ausnehmen. Denn aufgrund unserer Taufe sind wir Christus zugehörig, »Erben kraft der Verheißung« (Gal 3,29). Durch den Vollzug der Taufe ist unser Leben ein für allemal Dem anvertraut, auf dessen Namen wir getauft sind. Wer zu Christus gehört, hat deshalb auch Anteil an seinem Kreuz, an seinem Leiden und Sterben. Diese Übereignung unseres Lebens an Jesus Christus bedeutet für Paulus, dass wir alle in den Tod Jesu Christi hinein getauft sind und dass wir, wohin wir auch kommen, immer »das Todesleiden Jesu an unserem Leib« tragen, »damit auch das Leben Jesu an unserem Leib sichtbar wird« (2 Kor 4,10).

Auf dieses »Damit« kommt es entscheidend an: In der Taufe sind wir berufen, mit Jesu Weg in seinen Tod Gemeinschaft zu haben, damit wir auch seines neuen Lebens teilhaftig werden. Wir werden deshalb in den Tod Christi hineingetauft, weil diese Taufgemeinschaft mit Jesus Christus in seinem Tod das Unterpfand dafür ist, dass auch unser eigenes Leben dereinst nicht im Tode enden muss, sondern über den Tod hinaus verbunden bleiben wird mit dem neuen und ewigen Leben Jesu Christi. Wir werden in den Tod Christi hineingetauft, damit wir in unserer eigenen Todesstunde nicht von Gott und seinem Leben getrennt werden: »Unser eigener künftiger Tod wird in der Taufe zeichenhaft vorweggenommen und mit dem Tode Jesu verbunden, damit wir mit ihm leben« (WOLFHART PANNENBERG). Auf Christi Tod sind wir getauft in Hoffnung auf Auferstehung.

Kein Prophet von gestern und heute starb eines natürlichen Todes.
Leonardo Boff

12 DIE WAHRHEIT
Von menschlicher Nachfrage und Gottes Angebot

Was soll die Kirche heute tun? Wozu ist sie gut? Und in wessen Dienst soll sie stehen? Dies sind Fragen, die heute viele Menschen innerhalb wie außerhalb der Kirche beschäftigen. Um Antworten zu finden, macht man gerne Anleihen bei den weltlichen Betrieben, um von der hier entwickelten Betriebsorganisation und dem dabei im Vordergrund stehenden Management zu profitieren und Konsequenzen für die Kirche zu ziehen. Selbst Bischöfe werden mittlerweile danach beurteilt und benotet, ob sie gute oder schlechte Manager sind. Denn auch die Kirche müsse lernen, ihre Angebote kundenorientiert zu gestalten – gleichsam als wäre sie nichts anderes als eine religiöse Bedürfnisbefriedigungsanstalt. Dies sind zweifellos Thesen, die heue die Pastoral der Kirche bewegen und vor die Frage stellen, nach welchen Kriterien sie gestaltet werden soll: Handelt es sich auch bei der Pastoral um ein rein weltliches Geschäft, das vor allem an der Nachfrage der »Kunden« zu orientieren ist, oder verbirgt sich dahinter nicht eine pastoraltheologische Grundsatzentscheidung, die danach auszurichten ist, welches Angebot das Evangelium für uns bereithält?

»*Kundenorientierung*« *und das Wort vom Kreuz*

Wer sich vom Auftreten biblischer Propheten und dem Handeln Jesu selbst treffen lässt, begegnet Personen, die in ihrem Leben und Verhalten keineswegs nur kundenfreundlich gehandelt haben, die sich vielmehr von der von ihnen zu verkündenden Botschaft leiten ließen.

Dafür haben sie nicht Lob geerntet, sondern Widerstand und Ablehnung, zumindest Unverständnis und Irritation: »Kommt denn der Messias aus Galiläa?« (Joh 7,41). Dieses Missverständnis läuft unweigerlich auf das Kreuz zu, das am Ende des Lebens Jesu steht. Hätte Jesus allein nachfrageorientiert gedacht und gehandelt, dann hätte am Ende seines Lebens möglicherweise ein theologisches Ehrendoktorat gestanden, nicht aber der gewaltsame Verbrechertod am Kreuz.

Wir Christen und Christinnen müssen uns immer wieder der entscheidenden Frage stellen und ihr standhalten: Warum hat man diesen Jesus ans Kreuz geschlagen? Wenn Jesus nur nach den Wünschen und Vorstellungen, den Bedürfnissen und der Nachfrage der ihm begegnenden Menschen gehandelt hätte: Warum denn nur hat man einen solchen Menschen ans Kreuz geschlagen? Die heute beliebte Vorstellung von einem »Jesus Christ light« wird aber durch die ebenso lapidare Feststellung Lügen gestraft, die LEONARDO BOFF einmal im Blick auf das Kreuz Jesu Christi getroffen hat: »Kein Prophet von gestern und heute starb eines natürlichen Todes.«

Es muss bleibend zu denken geben, dass Jesus nicht an einer Lungenentzündung gestorben ist, sondern den gewaltsamen Kreuzestod erlitten hat. Jesus ist ans Kreuz gekommen, weil er sich nicht einfach nach den Bedürfnissen und Plausibilitäten der ihm begegnenden Menschen gerichtet hat, sondern weil er im Dienst einer Botschaft gestanden hat, die er gelegen oder ungelegen ausgerichtet hat. Sein Leben und Wirken ist in erster Linie botschaftsorientiert gewesen; »kundenfreundlich« ist freilich durchaus die Art und Weise gewesen, in der Jesus seine Botschaft an den Mann und an die Frau zu bringen versucht hat, beispielsweise und vor allem in der Sprache seiner anschaulichen und den Menschen ansprechenden Gleichnisse.

Dreifache Krise des gegenwärtigen Christentums

In der Nachfolge Jesu muss auch für die Kirche das erste Kriterium ihres Handelns in der Orientierung an der Wahrheit der christlichen Botschaft liegen. Wenn diese feststeht, sind kundenfreundliche Überlegungen, Planungen und Entscheidungen nicht nur angebracht, sondern auch geboten. Wenn wir diese Prioritätenordnung einhalten, kann uns auch bewusst werden, wo die tieferen Wurzeln der kritischen Situation in der kirchlichen Lage der Gegenwart liegen. Zumeist ist die Rede von einer tief greifenden Kirchenkrise, die sich seit den sechziger Jahren im Slogan artikuliert:»Jesus ja – Kirche nein«. Die Gründe für diese weit verbreitete Kirchenmüdigkeit sind gewiss sehr vielfältig, und sie dürfen auf keinen Fall wegdisputiert oder beschönigt werden. Dennoch ist deutlich, dass sich hinter der offenkundig gewordenen Kirchenkrise eine viel tiefere Krise verbirgt, nämlich eine Krise des Christusglaubens selbst:»Jesus ja – Christus nein«.

Erst darin kommt die durchschnittliche Einstellung des heutigen Menschen zum Ausdruck, der sich zwar berühren lässt von allen menschlichen Dimensionen an Jesus von Nazaret, dem aber das Glaubensbekenntnis der Kirche, dieser Jesus sei der Christus, der als der Auferweckte und in der Kraft des Heiligen Geist unter uns gegenwärtig ist, Mühe bereitet. In dieser Krise düfte denn auch der heute massiv zunehmende Rückgang der Teilnahme am sakramentalen Leben der Kirche seinen tiefsten Grund haben. Denn die Sakramente und vor allem die Feier der Eucharistie sind nur lebensfähig im Glauben an den auferweckten und in seinem Geist gegenwärtigen Christus. Ohne diesen Glauben wäre die Feier der Eucharistie reiner Totenkult und damit trostloser Teil der menschlichen Trauer über die Allmacht des Todes in der heutigen Welt.

Bei der heutigen Glaubenskrise handelt es sich letztlich um eine Krise des biblischen Gottesglaubens überhaupt. Mitten in der Atmosphäre einer blühenden Nachfrage nach»Religion« verblasst das biblisch-christliche Bild Gottes als eines in der Geschichte gegenwärtigen und handelnden Gottes. Mit einem gewiss nicht schönen, aber treffenden Wort spricht der katholische Theologe JOHANN BAPTIST METZ von einer »Gotteskrise« und bringt sie auf die Kurzformel: »Religion ja – ein persönlicher Gott nein«.

»Jesus ja – Kirche nein«; »Jesus ja – Christus nein«; »Religion ja – ein persönlicher Gott nein«: Darin liegt jene dreifache Krise unseres Glaubens und unseres Kircheseins, der wir uns auf allen Ebenen des kirchlichen Lebens stellen müssen. Diese dreifache Krise ist das Anzeichen einer radikalen Epochenschwelle des Christentums, in der wir uns heute befinden. Denn die selbstverständlichen Sozialisationsprozesse des christlichen Glaubens werden immer schwächer. Das Christsein wird deshalb in der Zukunft mit einer persönlichen Christusbeziehung des einzelnen Christen stehen oder fallen. Und damit wird die Frage nach der Wahrheit über die Person Jesu Christi die alles entscheidende Frage sein.

Licht der Welt und Salz der Erde

Wenn diese Orientierung an der Wahrheit des christlichen Glaubens als Grundmelodie des kirchlichen Lebens feststeht, dann erhalten alle kundenfreundlichen Überlegungen, Planungen und Entscheidungen einen hilfreichen Notenschlüssel. Dass nämlich die Orientierung an der Botschaft Gottes und die Orientierung an der Nachfrage der Menschen keine Gegensätze bilden müssen, bringt das Evangelium selbst zum Ausdruck, wenn es vom Leben der Christen in der Welt zwei verschiedene Bilder verwendet: Sie sollen »Licht der Welt« und »Salz der Erde« sein.

Das erste Bild vom Licht der Welt betont dabei den notwendigen Kontrast der Kirche gegenüber der Welt, wie ihn der unvergessliche katholische Theologe KARL RAHNER pointiert ausgesprochen hat: »Ein Christentum, das kein Selbstverständnis eigener und mutiger Art hat und sich nicht mehr unterscheidet von der übrigen Welt, kann ›einpacken‹«. Demgegenüber akzentuiert das zweite Bild vom Salz der Erde den solidarischen Bezug der Kirche zur Welt. In der Sicht des christlichen Glaubens gehören beide Dimensionen unlösbar zusammen: Die Kirche hat sich in ihrem Verhältnis zur Welt stets als Licht der Welt und damit in deutlichem Kontrast zu ihr und zugleich als Salz der Erde und damit im solidarischen Bezug zu ihr zu erweisen und zu bewähren.

Das Evangelium ermutigt gerade dazu, die wirklich angemessene Orientierung an der Nachfrage der Menschen in der Orientierung an der unbestechlichen Wahrheit der Person Jesu Christi zu suchen und zu finden. Denn Gottes Angebot des Heils in Jesus Christus geht über alles hinaus, was menschliche Nachfrage sich ausdenken könnte: »Noch nie hat ein Mensch so gesprochen, wie dieser Mensch spricht« (Joh 7, 46). Unser Sprechen von Jesus Christus heute kann letztlich nur die aktualisierte und zeitgemäße Übersetzung dieses staunenden Bekenntnisses sein.

—

AUFBRECHEN ZU GOTT

Die Kirche leben

Die Kirche ist nicht dazu da, Bedürfnisse zu befriedigen,
sondern Geheimnisse zu feiern.

Carlo Maria Kardinal Martini

13 DIE SAMMLUNG
Von Gottes und unserem Begehren

»Kirchenvolksbegehren« lautet der stolze Namen einer relativ neuen Erscheinung in der Landschaft der heutigen Kirche. Solche Begehren des Kirchenvolkes mit den vorherrschenden Postulaten der Abschaffung der Zölibatsverpflichtung für die Priester, der Priesterweihe der Frau und überhaupt einer neuen Einstellung zur Sexualität gibt es mittlerweile in verschiedenen Ortskirchen. Ihre erste Aufregung hat sich zwar inzwischen wieder etwas gelegt. Ihre Anliegen sind damit freilich noch keineswegs erledigt. Denn die Kirchenvolksbegehren und die hinter ihr stehende Kritik an der heutigen Kirche und ihrer Leitung machen auf eine schwelende Unzufriedenheit aufmerksam, die es ernst zu nehmen gilt. Trotzdem weist die Rede von »Kirchenvolksbegehren« auch eine Schlagseite auf, die wir ebenso auf keinen Fall verdrängen dürfen.

Der Menschen oder Gottes Begehren?

Im alttestamentlichen Prophetenbuch des Ezechiel ist auch von einem Volksbegehren die Rede. Dabei ist freilich das Volk nicht das Subjekt, sondern das Objekt des Begehrens. Nicht das Volk, sondern Gott selbst begehrt nach etwas. Gott begehrt ein Volk und trägt sein »Kirchenvolksbegehren« vor: Gott will die Söhne Israels aus den Völkern herausholen, zu denen sie gegangen sind. Gott will sie von allen Seiten sammeln und sie in ihr Land bringen. Gott will sie in seinem Land, auf den Bergen Israels, zu einem einzigen Volk machen. Und Gott will sie von aller Sünde befreien und sie rein machen. Dieses Volksbegehren Gottes mündet schließlich in die schöne Verheißung: »Dann werden sie mein Volk sein, und ich werde ihr Gott sein« (Ez 37,23b).

Wenn wir diese Verheißung Gottes beim Propheten Ezechiel ernst nehmen, dann ist im biblischen Sinn von Begehren gerade nicht im Blick auf das Volk die Rede. Im Gegenteil: Das biblische Reden von Begehren und von einem begehrlichen Volk ist ernüchternd oder gar entlarvend. Vor allem in den alttestamentlichen Wüstengeschichten wird exemplarisch geschildert, was das Volk wirklich will und wonach es begehrt: Es will zurück nach Ägypten, um dort so leben zu können wie die anderen Völker auch. In der Wüste zeigt sich, dass das Grundbegehren des Gottesvolkes auf seine Anpassung an die Umgebung zielt. Selbst am Sinai, unmittelbar nachdem Gott seinen Bund mit ihm geschlossen hat, begehrt das Volk auf, und es begehrt deshalb von Aaron, er solle ihm doch neue Götter machen, und zwar solche, die passen. Weil das Volk vor allem einen »passenden Gott« begehrt, tanzt es um das Goldene Kalb.

Von Begehren in einem positiven Sinn ist demgegenüber in der Bibel zunächst im Blick auf Gott die Rede, der in der Welt nach einem Volk begehrt und nach einer bestimmten Art und Weise begehrt, wie dieses Volk beschaffen sein und leben soll. Im biblischen Sinn geht es zunächst um »Gottes Volksbegehren«. Mit Recht stellt der katholische Neutestamentler GERHARD LOHFINK die Frage, ob unsere Kritik an der Kirche, wie sie sich in den »Kirchenvolksbegehren« Ausdruck verschafft, nicht doch tiefer ansetzen müsste:»Muss sie nicht dort beginnen, wo es um die Umkehr geht, von der Jesus sagt, dass man dabei sein altes Leben verliert, aber ein neues Leben findet, und zwar schon heute?« Denn der Ruf zur Umkehr meint bei Jesus wie bei den alttestamentlichen Propheten ganz konkret die Umkehr zu dem Volk, um das sich Gott seit der Berufung Abrahams müht und nach dem er unablässig seine Hände ausstreckt:»Gott begehrt in der Welt ein Volk, das seinem Namen unter den Völkern die Ehre gibt. In diesem Sinn ist das Wort vom ›Volksbegehren‹ biblisch.«

Gottes Begehren ist vor allem ein »Volksbegehren«. Denn in der ganzen Heilsgeschichte beruft Gott nicht einfach einzelne Menschen, und er beruft sie schon gar nicht zu Einzelkämpfern. Gottes Begehren zielt vielmehr auf ein Volk, das als Gemeinschaft der an ihn Glaubenden sich an seinem Willen ausrichtet und seinen Heilswillen in der Welt verkündet und, vom Geiste Gottes angetrieben, selbst vorantreibt. Auch im Neuen Testament beruft Jesus ein Volk als Urgestalt von Kirche. Dabei beruft er durchaus Einzelne zu einem besonderen Dienst an diesem Volk. Aber sein primäres Begehren geht auf ein Volk, wie in der Wahl der Zwölf, die die zwölf Stämme Israels repräsentieren, deutlich wird.

Gottes Begehren nach seiner Wohnung

Ja, Gott begehrt noch sehr viel mehr. Er begehrt dieses von ihm berufene Volk als seine Wohnung in dieser Welt:»Ich werde mitten unter ihnen für immer mein Heiligtum errichten, und bei ihnen wird meine Wohnung sein. Ich werde ihr Gott sein, und sie werden mein Volk sein« (Ez 37,26b-27). Den tiefen Sinn dieses göttlichen Begehrens beginnen wir zu erahnen, wenn wir uns Rechenschaft darüber geben, welche grundlegende Bedeutung die Wohnung bereits im Leben von uns Menschen hat. Die Wohnung ist etwas so Persönliches und Intimes, dass man von ihr mit CARL ZUCKMAYER geradezu sagen kann:»Als wär's ein Stück von mir.« Und wenn wir uns in unserer Wohnung nicht mehr wohl fühlen, ist es Zeit für den »Frühjahrsputz«, bei dem die Fenster weit geöffnet werden und die ganze Wohnung gekehrt wird, damit sie wieder bewohnbar wird.

Bei Gott verhält es sich nicht anders, weil er bei seinem Volk wohnen will. Wenn Gott aber bei seinem Volk wohnen will, dann werden wir von ihm zu einer lebendigen Gemeinschaft zusammengefügt, und dann werden wir aufgrund seiner Gegenwart in unserer Mitte zu seinem Kirchenvolk gemacht. Diese Verheißung hat gerade in der gegenwärtigen Situation der Kirche Grundlegendes zu bedeuten. Denn eine gute Zukunft hat die Kirche nur, wenn sie als Wohnung Gottes unter den Menschen wahrgenommen werden kann. Von daher stellt sich die ernste Rückfrage: Wäre vielleicht auch hier ein geistlicher »Frühjahrsputz« angebracht, damit die Wohnung Gottes wieder bewohnbar wird, und zwar zunächst und vor allem bewohnbar für Gott? Und welche Form von Kirche begehrt Gott?

Wenn wir uns dieser alles entscheidenden Frage stellen und wenn diese der Leitstern all unserer Bemühungen ist, dann können wir auch die heutigen »Kirchenvolksbegehren« in ihrem relativen Stellenwert ernst nehmen. Es wird dann freilich zugleich deutlich, dass man zu kurz greifen würde, wollte man die eigentlichen Herausforderungen, vor denen wir heute stehen, allein in diesen innerkirchlichen Schwierigkeiten lokalisieren. Der katholische Theologe JOHANN BAPTIST METZ hat sensibel beobachtet, dass beinahe alle Probleme, die in den »Kirchenvolksbegehren« angemahnt werden – wie die Fragen des Priesterzölibates und der Frauenordination – in den Kirchen der Reformation sich entweder nicht stellen oder gelöst sind, dass sich allein deshalb aber in diesen Kirchen das grundlegendere Problem des Christseins und des Kirchelebens nicht weniger dramatisch stellt. Dieses fundamentale und alle christlichen Konfessionen gleichermaßen berührende Problem hat er mit dem Stichwort der »Gotteskrise« namhaft gemacht. Denn die eigentliche Krise, vor der wir heute stehen, ist »keineswegs nur am Zustand der Kirchen festzumachen, die Krise ist zur Gotteskrise geworden«. Eine wahre Kirchenreform kann es deshalb ohne Erneuerung des Glaubens und ohne tiefe Einwurzelung aller Glieder der Kirche im Geheimnis Gottes nicht geben.

Gottes Heiligtum unter den Menschen

In dieser notwendigen Konzentration auf das Innerste unseres Glaubens und der Kirche liegt eine weitere Herausforderung der biblischen Botschaft des Propheten Ezechiel. Denn Gott verheißt nicht nur, dass er seine Wohnung bei seinem Volk haben will. Er will vielmehr auch sein Heiligtum für alle Zeiten in der Mitte seines Volkes haben, damit die Völker erkennen, »dass ich der Herr bin, der Israel zu seinem heiligen Volk gemacht hat« (Ez 37,28). Die Kirche ist deshalb nicht nur berufen, die Wohnung Gottes zu sein; sie ist vielmehr auch erwählt, das Heiligtum Gottes zu beherbergen.

Gottes Heiligtum ist das zentrale Geheimnis unseres Glaubens. Ein Ge-Heim-nis und erst recht das Geheimnis Gottes ist im ursprünglichen Sinn das, was zum Heim gehört und was einem so vertraut ist wie das eigene Heim. Kirche als Gottes Wohnung und Gottes Geheimnis sind deshalb geradezu identisch. Denn Geheimnisse sind nicht dazu da, rational »gelöst« zu werden wie ein Rätsel, sondern vielmehr, um bewohnt zu werden. Die Kirche ist, wie CARLO MARIA KARDINAL MARTINI mit Recht betont, nicht einfach dazu da, Bedürfnisse und Erwartungen zu befriedigen, sondern Geheimnisse zu feiern, und zwar vor allem das öffentliche Geheimnis der Wahrheit des Evangeliums. Die Besinnung auf das Geheimnis Gottes ruft deshalb die weitere Frage nach der Bewohnbarkeit der Kirche hervor, die wir bilden und leben: Kirche, wo wohnst du? Und vor allem: Kirche, bewohnst du dein Geheimnis?

Diese entscheidende Frage hat uns das Zweite Vatikanische Konzil gestellt. Denn es hat nicht nur als Ziel der Reform der Liturgie anvisiert, dass das Heilige deutlicher zum Ausdruck kommen soll. Es hat vielmehr auch und vor allem eine Rückbesinnung auf Gott und sein Geheimnis anstoßen wollen. Darin lag sein größtes Anliegen, weshalb das erste Kapitel der Dogmatischen Konstitution über die Kirche bewusst den Titel trägt:»Das Mysterium der Kirche«. Das Konzil hat damit zum Ausdruck bringen wollen, dass es die Kirche nicht um ihrer selbst willen, sondern»um Gottes willen« gibt, und zwar im buchstäblichen Sinn. Die Kirche lebt folglich nur dann glaubwürdig und wirklich evangelisch, wenn sie möglichst wenig von sich, dafür aber möglichst intensiv von Gott und seinem Geheimnis spricht. Das Konzil hat damit die schöne biblische Verheißung für unsere Zeit übersetzt. In dieser Verheißung Gottes liegt der größte Trost in der Situation der Kirche heute:»Dann werden sie mein Volk sein, und ich werde ihr Gott sein.« Diesem Volksbegehren Gottes gilt es in der Kirche Raum zu geben.

Gott will uns heute vom Mythos der spirituellen
und kirchlichen Selbstgenügsamkeit befreien.

Godfried Kardinal Daneels

14 DIE BERUFUNG
Vom Vorsprung Gottes

»Groß ist das Geheimnis des Glaubens«: Diese Worte spricht der Priester in der Eucharistiefeier nach dem Einsetzungsbericht des heiligen Abendmahls Jesu. Darauf antwortet die Gemeinde mit dem Ruf: »Deinen Tod, o Herr, verkünden wir und deine Auferstehung preisen wir, bis du kommst in Herrlichkeit.« Was Getaufte als Volk Gottes unterwegs miteinander verbindet und immer wieder auf den Weg bringt, ist dieses Geheimnis des Glaubens, das groß ist. Es handelt vom versöhnenden Tod Jesu Christi, von seiner Auferstehung aus dem Tod in das ewige Leben Gottes und von seiner Wiederkunft. In dieser dreifachen Botschaft von Christus ist die Berufung der Kirche grundgelegt, wie sie der Kolosserbrief schön entfaltet.

Von Gott geliebt und auserwählt, berufen zum Erbarmen

»Ihr seid von Gott geliebt, seid seine auserwählten Heiligen« (Kol 3,12). In diesem frohen Zuspruch liegt der Kern des Geheimnisses unseres Glaubens: Die Initiative im Heilsdialog zwischen Gott und den Menschen geht immer von Gott aus. Gott spricht uns sein befreiendes Wort zu und erwartet unsere Antwort. Gott ruft uns an und wartet darauf, dass wir seinem Ruf entsprechen. Gott schenkt uns zunächst seine Liebe, damit auch wir ihn und durch ihn die Menschen lieben können. Nicht wir haben Gott erwählt, sondern er erwählt uns und macht uns zu Heiligen.

Dieser Vorsprung Gottes ist von entscheidender Bedeutung für unser Leben als Kirche. Nicht wir sammeln uns, und nicht wir versammeln uns zur Glaubensgemeinschaft der Kirche. Wir werden vielmehr von Gott her zur kirchlichen Gemeinschaft versammelt. Gerade in der heutigen Zeit, in der viele durchaus mit Recht zu sagen pflegen: »Wir alle sind Kirche«, ist es wichtig, zugleich zu betonen, dass wir nicht aus uns selbst Kirche sind und dass nicht wir die Kirche machen, sondern dass Gott selbst uns zur Kirche macht. Denn wir sind Kirche, nicht weil wir gut sind oder das meiste gut machen. Wir sind vielmehr Kirche, weil Gott gut ist und es gut mit uns meint. Der Kolosserbrief nennt uns sogar Heilige, nicht, weil wir aus eigener Kraft heilig sind und keine Fehler machen, sondern weil Gott heilig ist und deshalb auch uns heilig macht.

Dieses demütige Bekenntnis wird uns ohnehin in der heutigen kirchlichen Situation zugemutet. Denn unsere in den vergangenen Jahrzehnten eingeübte und auch heute weithin vorherrschende Mentalität, dass wir selbst die Kirche aus eigener Kraft gestalten und nach unserem Belieben ordnen können, wird durch die Realität immer mehr in Frage gestellt. Wir müssen stets deutlicher feststellen und dabei auch mühsam lernen, dass wir nicht (mehr) in der Lage sind, mit unseren Kräften, mit unseren finanziellen Mitteln, mit unserem Personal, mit unserer Kreativität und unserem Prestige allein die Kirche aufzubauen. Auf diesem nicht leichten Weg will Gott sich uns neu ins Bewusstsein bringen. Er will uns vor allem in die Erinnerung rufen, dass nicht wir die Schöpfer der Kirche sind, sondern dass er der Herr seiner Kirche ist. Mit GODFRIED KARDINAL DANEELS bin ich der Überzeugung, dass uns Gott heute vor allem vom »Mythos der spirituellen und kirchlichen Selbstgenügsamkeit« befreien und uns die schöne »Notwendigkeit der Gnade« wieder neu ans Herz legen will.

Von Gott bewohnte Kirche

In der gnadenvollen Auserwählung zur Heiligkeit besteht das große Fest unserer Bejahung durch Gott selbst. Seine Liebe und seine Auserwählung sprechen uns sein endgültiges Ja-Wort zu. Gottes Wort ist »Ja«, und deshalb ist auf ihn Verlass. Dieses göttliche Geschehen spielt sich freilich nicht in einem luftleeren Raum ab, sondern es hat einen erfahrbaren Ort auf unserer Erde. Dieser Ort ist das Sakrament der christlichen Taufe. In der Taufe hat uns Gott endgültig bejaht und als seine Töchter und Söhne angenommen. Wer aber mit dem Wasser der Taufe gewaschen ist, der kann nicht wieder ein Mensch werden, der gleichsam »mit allen Wassern gewaschen« ist. Er ist vielmehr gerufen, selbst ein Mensch zu werden, der eingetaucht bleibt in das Taufwasser der Liebe und der Gerechtigkeit, bekleidet mit dem Taufkleid von »aufrichtigem Erbarmen, Güte, Demut, Milde, Geduld« (Kol 3,12). Denn darin besteht die elementarste Konsequenz der Taufe, wie sie bereits der Kirchenvater CYRILL VON ALEXANDRIEN in seiner Auslegung des Taufkapitels im Römerbrief hervorhebt: »Wie der Sünde sterben das Gleiche ist wie mit Christus begraben werden, so ist klar, dass das Auferstehen nicht anders zu verstehen ist, als in Gerechtigkeit leben.«

Die Taufe zu leben bedeutet dazu beizutragen, dass die Kirche in ihrer tiefen Bedeutung und in ihrer wahren Schönheit in Erscheinung treten kann. Als Kirche sind wir vor allem berufen, die Wohnung des Wortes Gottes in der Welt zu sein: »Das Wort Christi wohne mit seinem ganzen Reichtum bei euch. Belehrt und ermahnt einander in aller Weisheit!« (Kol 3,16). Von daher öffnet sich auch unser Blick auf das mütterliche Geheimnis unseres Glaubens: Wie Maria sich als Wohnung für die Menschwerdung des Wortes Gottes in unserer Welt zur Verfügung gestellt hat, so ist es die Berufung der Kirche, wie Maria empfänglich zu sein und eine gastliche Wohnung für Christi Wort.

Als Wohnung des Wortes Christi kann die Kirche wirklich zu dem werden, was Christus von ihr erwartet: »Ihr seid das Licht der Welt« (Mt 5,14). Licht der Welt ist die Kirche nicht in sich, sondern Christus selbst – und die Kirche nur insofern, als sie sich als Mond zur Verfügung stellt, der sein Licht von der Sonne erhält, die Christus ist, um es in die Welt hinauszustrahlen. Die Kirche ist nicht nur berufen, das Wort Gottes zu verkünden. Sie ist vielmehr in die Pflicht genommen, als Lebensort Gottes selbst in Erscheinung zu treten. Denn die Kirche gibt es letztlich nur deshalb, damit den Menschen ein Ausblick auf Gott möglich wird.

Dankt Gott, dem Vater

Nur als Lebensort Gottes ist die Kirche Licht der Welt. Von diesem Licht gilt die Zumutung Jesu, dass wir nicht ein Gefäß darüber stülpen, sondern es auf einen Leuchter stellen, damit es allen leuchten kann. Der schönste Leuchter, auf den wir dieses Licht stellen können, ist das Gebet und das Gotteslob der Liturgie: »Singt Gott in eurem Herzen Psalmen, Hymnen und Lieder, wie sie der Geist eingibt«, und durch Jesus, unseren Herrn, »dankt Gott, dem Vater« (Kol 3,16b-17). Erst im Lobpreis und Dank an Gott ist das Geheimnis unseres Glaubens in seinem wahren Element.

Der dreifaltige Gott schenkt uns seine Gegenwart und gibt uns Anteil an seiner Lebensfülle auch und gerade dann, wenn wir zum Gotteslob versammelt sind. Von daher erschließt sich der Sinn der christlichen Liturgie: Gottesdienst ist zunächst der Dienst Gottes selbst an seiner Kirche, damit sie leben kann und einen Raum zum Atmen hat. Erst dann, dann freilich in rechter Weise, kann der Gottesdienst auch zu unserem Dienst Gott gegenüber werden. Dieser kirchliche Dienst

Gott gegenüber ist in erster Linie Dienst der Dankbarkeit und der Danksagung: Eucharistie. Sie ist die Kernmitte unseres Glaubens und die Kristallisation des kirchlichen Lebens. Die Kirchenväter haben die Eucharistie als »Milch Gottes« bezeichnet, die wir auf der irdischen Pilgerschaft unseres Lebens genauso nötig haben wie die Milch zum Frühstück und die uns das größte Geschenk Christi überbringt: »In eurem Herzen herrsche der Friede Christi; dazu seid ihr berufen als Glieder des einen Leibes. Seid dankbar« (Kol 3,15).

*In der europäischen Kirche gibt es vielleicht Glaube und Liebe,
aber keine Hoffnung.*

Clodovis Boff

I5 DAS ZEUGNIS
Von der Hoffnung, die sich nicht vertrösten lässt

»Wenn ich auf die Christen in Europa gleich welcher Richtung
höre, scheint es mir, dass Ihr heute in einer Art ›kirchlichen Winter‹
lebt, der mit einem ›kulturellen‹ Winter Hand in Hand geht. Es gibt
eine Krise der geschichtlichen Erwartung. Es fehlt an der Hoffnung. In
der europäischen Kirche gibt es vielleicht Glaube und Liebe, aber keine
Hoffnung.« Diese Diagnose stellte der lateinamerikanische Theologe
CLODOVIS BOFF in seinem Brief an einen europäischen Christen, und
er präzisierte seine Diagnose weiter: »Den Europäern kann man den
Pessimismus und die Skepsis wirklich an den Augen ablesen, sie sind
ihnen ins Gesicht geschrieben. Es ist so, wie es mir ein Freund nach einem Aufenthalt im alten Europa gesagt hat: ›Der Europäer sieht aus
wie jemand, der gegessen, dem es aber nicht geschmeckt hat‹.«

Entwicklungshilfe in Hoffnung?

Es ist gut, wenn uns europäischen Christen ein Spiegel vorgehalten wird, auch und gerade von Brüdern und Schwestern in den Ländern der sogenannten Dritten Welt. Wir pflegen diese Länder als »unterentwickelt« zu bezeichnen. Darauf antworten die betroffenen Menschen zumeist, dass sie in der Tat unterentwickelt sind, was die Wirtschaft und die Technologie betrifft, dass aber wir Europäer unterent- wickelt sind, was die Kultur und die Religion angeht: Wie steht es denn, so fragen sie, mit eurem Mangel an Solidarität und Familienkultur, mit eurem Verlust der kulturellen Traditionen und gemeinsamen Wertvorstellungen und mit eurem Mangel an Ehrfurcht vor dem Leben? Habt ihr nicht Vitaminspritzen mit Religion und Spiritualität und Entwicklungshilfe in Hoffnung nötig?

Wenn man diesen kritischen Rückfragen aus der sogenannten Dritten Welt nachdenkt, kommt man bald zum Schluss, dass Europa gesellschaftlich wie kirchlich müde geworden ist. In gesellschaftlicher Hinsicht dürfte dies damit zusammenhängen, dass Europa seit längerer Zeit ein ebenso einmaliges wie schwieriges historisches Experiment unternimmt, von dem niemand sagen kann, wie es ausgehen wird. Denn Europas Versuch, Gesellschaften oder gar eine Gemeinschaft von Staaten zu bauen, die von einem religiösen Fundament prinzipiell absehen, stellt so sehr ein kulturgeschichtliches Novum dar, dass sich einem das Urteil aufdrängen könnte, Europa sei der einzig wirklich säkularisierte Kontinent. Gerade in Europa ist das Christentum einem konsequenten Prozess der Säkularisierung ausgesetzt, so dass sich erst recht die Frage stellt, ob und wie das Christentum in den europäischen Gesellschaften überleben kann.

In kirchlicher Hinsicht zeigt sich die Müdigkeit Europas darin, dass das Christentum zwischen Säkularismus und Fundamentalismus hin- und hergerissen ist, wie es die hier schwelenden »unfruchtbaren Grabenkämpfe zwischen substanzlosen Progressisten und blasierten Traditionalisten« wie zwischen »geschichtslos gewordenen Anpassern und unglückseligen Bewahrern« (KARL KARDINAL LEHMANN) zur Genüge an den Tag legen: Auf der einen Seite schauen Traditionalisten mit einem nostalgisch-umflorten Blick in eine gute alte Zeit zurück, die es freilich nie gegeben hat. Auf der anderen Seite erträumen sich Progressisten ein utopisch-buntes Morgen, das es freilich nie geben wird. Beide stehen in der Gefahr, das Heute der Kirche zu versäumen.

Mit dieser Diagnose soll keineswegs der kulturpessimistische Chor derjenigen verstärkt werden, die die kirchliche Situation in Europa für so schlecht halten, dass sie Europa auf der universalkirchlichen Landkarte abschreiben. Denn Europa ist zwar müde geworden, aber es ist nicht Gott-vergessen und schon gar nicht Gott-verlassen. Christen und Christinnen dürfen deshalb in der lebendigen Überzeugung leben, dass Gott auch heute mit Europa und mit dem Christentum in Europa etwas vorhat.

Hoffnung auf das Kommen Gottes

Diese Zuversicht hat ihre Wurzeln in der biblischen Botschaft, in jener Zumutung, die der erste Petrusbrief als den Grundauftrag jeder Christin und jedes Christen ausspricht:»Seid stets bereit, jedem Rede und Antwort zu stehen, der nach der Hoffnung fragt, die euch erfüllt« (1 Petr 3,15). Diese Aufforderung lädt uns ein, tiefer danach zu fragen, worin denn die Hoffnung liegt, die uns als Christen und Christinnen persönlich und gemeinsam erfüllt.

Wenn wir uns gegenseitig darüber Rechenschaft geben, wird ein bunter Blumenstrauß von Hoffnungen entstehen. In der Tat sind in der heutigen Gesellschaft und Kirche auch viele hoffnungsvolle Aufbrüche wahrzunehmen. In der Gesellschaft, vor allem bei der Jugend, ist ein neues Fragen nach dem tieferen Sinn des Lebens und eine große Sehnsucht nach Solidarität festzustellen. In der Kirche erblicke ich das schönste Hoffnungszeichen in der großen Zahl von engagierten Laien, die sich für die Zukunft der Kirche verantwortlich fühlen und viel Kraft und Energie in das gegenwärtige Leben der Kirche investieren.

Wenn man einen kurzen Seitenblick in die Kirchengeschichte wirft, kann man feststellen, dass diese Zahl noch selten so groß gewesen ist wie heute.

Solche erfreuliche Phänomene können aber für uns Christen und Christinnen noch nicht der tiefste Grund unserer Hoffnung sein. Das Evangelium zeigt, dass unser Durst nach Hoffnung nur von Jesus Christus selbst gelöscht werden kann, und zwar dann, wenn uns sein Geist geschenkt wird: »Wer Durst hat, komme zu mir, und es trinke, wer an mich glaubt« (Joh 7,37b). Bereits die im alttestamentlichen Prophetenbuch Joel in Aussicht gestellten Träume und Prophetien von Jungen und Alten sind abhängig vom Kommen des Heiligen Geistes und von unserer Zuwendung zum Herrn: »Es wird geschehen, dass ich meinen Geist ausgieße über alles Fleisch. Eure Söhne und Töchter werden Propheten sein, eure Alten werden Träume haben, und eure jungen Männer haben Visionen« (Joel 3,1). Indem der Prophet nicht einen Ist-Zustand beschreibt, sondern auf das kommende Heil blickt, macht er unmissverständlich deutlich, dass die Verwirklichung einer prophetisch-geschwisterlichen Glaubensgemeinschaft nicht einfach und schon gar nicht allein in unserer Hand liegt, sondern die Frucht der gemeinsamen Zuwendung zu Gott und Antwort auf den gemeinsamen Durst nach dem Wirken des Heiligen Geistes ist. Wie bei Joel die Gabe der Prophetie Ausdruck einer neuen Gottesbeziehung ist, so stellt sich auch Geschwisterlichkeit unter den Glaubenden aufgrund der gemeinsamen Zugehörigkeit zu Gott und seinem Christus in der Taufe ein.

Christliche Hoffnung ist immer und zutiefst Hoffnung auf Gott und sein Kommen. Unsere Hoffnung hat ihren wahren Grund in der Treue Gottes zu uns: »Lasst uns an dem unwandelbaren Bekenntnis der Hoffnung festhalten, denn er, der die Verheißung gegeben hat, ist treu« (Hebr 10,23). Dieses Bekenntnis der Hoffnung hat seinerseits seinen Grund in der Taufe. Denn das Bekennen des Glaubens ist im Leben der Christenheit seit ihren Anfängen in besonderer Weise mit der Taufe verbunden, und im Bekennen des Glaubens ereignet sich dasselbe wie in der Taufe: Wie in der Taufe unser Leben ein für allemal Christus anvertraut und übereignet wird und wir uns buchstäblich auf Den verlassen, dem wir uns anvertrauen, so verbindet sich der, der den Glauben bekennt, mit Christus, an den er glaubt.

Hoffnung über den Tod hinaus

Dass christliche Hoffnung letztlich nur Hoffnung auf Gott und sein Kommen sein kann, liegt bereits in der menschlichen Struktur der Hoffnung begründet. Denn wahre Hoffnung kann sich nie auf Vorhandenes gründen, sondern geht immer über das Vorhandene hinaus: »Hoffnung setzt die Überlegenheit erhoffter Zukunft über das Vorhandene voraus. Insofern gründet sie sich auf Verheißung, die als solche durch Vertrauen ergriffen wird« (WOLFHART PANNENBERG). Hier ist es begründet, dass die Welt aus sich allein keine Hoffnung hat, die über dieses Leben hinausreicht. Solche Hoffnung haben wir Christen und Christinnen nur, weil wir durch die Taufe verbunden sind mit Christus, dem Gekreuzigten und Auferweckten.

Die christliche Hoffnung ist unlösbar mit dem Glauben an die Auferstehung Jesu Christi verbunden. Denn wer Jesus bloß für einen großen Propheten hält, der freilich unter den Toten weilt, der vermag sich nicht in der Tiefe der christlichen Hoffnung einzubergen. Die christliche Hoffnung gründet im Bekenntnis zum Auferweckten und in der Anteilhabe an seiner Auferstehung in unserer Taufe. Hängt etwa die Hoffnungsarmut, die sich heute auch in der Kirche hierzulande breit macht, nicht auch damit zusammen, dass wir unsere Hoffnung allzu sehr auf das irdische Leben gründen und den Ausblick über den Tod hinaus kaum mehr wagen und dass wir an die Stelle der früheren Jenseitsvertröstung eine weitgehende Vertröstung mit dem Diesseits gesetzt haben? Überall dort aber, wo das Jenseits des Todes überhaupt als Vertröstung verdächtigt wird, wird das Diesseits selbst trostlos.

Christliche Hoffnung blickt immer über den Tod hinaus. Aber diese Hoffnung auf das neue Leben, das über den Tod hinausreicht und uns in der Taufe schon geschenkt ist, wirft ihr Licht bereits auf unser jetziges Leben. Solche Hoffnung kommt unserem Leben zugute und vermag es zu verändern. Solche Hoffnung ermöglicht vor allem Solidarität und erschließt zugleich den größten Radius zwischenmenschlicher Solidarität. Denn Solidarität ist nur dann in ihrer ganzen und universalen Tragweite ernst genommen, wenn sie die Solidarität unter den Lebenden auch auf die Solidarität mit den Toten hin aufschließt.

Es muss jedenfalls zu denken geben, dass ausgerechnet der kritische Denker THEODOR ADORNO den tiefen und für das gesellschaftliche Zusammenleben der Menschen bedeutsamen Sinn der jüdisch-christlichen Hoffnung auf das ewige Leben neu eingesehen hat. Der jüdische Philosoph hat zeitlebens leidenschaftlich danach gefragt, wie man mehr Gerechtigkeit in der Welt ermöglichen kann. Bei diesem Fragen kam er schließlich zur grundlegenden Einsicht: Wenn es wirklich Gerechtigkeit in der Welt geben soll, dann muss es eine Gerechtigkeit für immer und für alle und damit auch für die Verstorbenen sein. Es muss eine Gerechtigkeit sein, die auch das unwiderruflich Vergangene widerrufen und gutmachen kann. Es muss folglich die Auferstehung der Toten geben.

Hoffnung mit demütigem Gewissen

Der Glaube an die Auferstehung Jesu Christi und der Toten ist der tiefste Grund unserer Hoffnung, von der Rechenschaft abzulegen und jedem Rede und Antwort zu stehen, der danach fragt, uns zugemutet ist. »Aber antwortet bescheiden und ehrfürchtig; denn ihr habt ein reines Gewissen« (1 Petr 3,16). Wenn christliche Hoffnung im Tiefsten Hoffnung auf Gott ist, dann kann ihrer Rechenschaft nur Demut und Ehrfurcht entsprechen.

Diese Grundhaltungen werden uns Christen und Christinnen erst recht von der gesellschaftlichen Situation heute zugemutet. Denn unter den pluralistischen Bedingungen der Gegenwart wird das Christentum hierzulande immer spürbarer Diasporakirche werden und sein und die selbstverständliche Erfahrung Israels und der alten Kirche machen müssen, dass das Volk Gottes in der Welt als Fremdling lebt. In dieser Gestalt aber liegt die Chance begründet, dass Christen und Christinnen selbst entschiedener beginnen, das Evangelium zu verkünden und zu anderen Menschen von Gott zu reden, und zwar mit einem demütigen und ehrfürchtigen Selbstbewusstsein. Dies gilt zumal in einer Gesellschaft, die auf Erfahrbarkeit, Sichtbarkeit und Sinnenhaftigkeit aus ist. In dieser Situation muss die Kirche dem heutigen säkularisierten Menschen auch eine säkularisierte Antwort geben, und diese liegt schlicht im Zeugnis: »Der moderne säkularisierte Mensch möchte Veranschaulichung, Zeugnis, und für uns ist das eine Aufforderung, dass wir weniger predigen und mehr davon zeugen. Das ist der Weg für die Neuevangelisierung« (MILOSLAV KARDINAL VLK).

Die Rechenschaft über die christliche Hoffnung fordert uns heraus, vor allem unser eigenes Gewissen zu erforschen. Dazu gehört, dass wir uns Rechenschaft darüber geben, dass sich zu Jesus Christus bekennen immer auch heißt, Partei zu ergreifen für ihn in öffentlichen und gesellschaftlichen Auseinandersetzungen. Die Rechenschaft der Hoffnung, die uns erfüllt, will praktisch werden in unserem Leben durch ein überzeugtes Engagement für den Frieden gegen den Krieg, für Gerechtigkeit gegen Unterdrückung und für das Gottesrecht auf Leben von der Empfängnis bis zum Tode gegen den erodierenden Zerfall der Menschenrechte. Christliches Bekennen der Hoffnung bedeutet immer auch ein Abstandnehmen von dem, was unserer Gemeinschaft mit Christus entgegensteht und von ihr wegführt. Diese Zumutung ist keineswegs nur eine Ausnahmesituation in Verfolgungszeiten. Auch in der heutigen Zeit einer schleichenden Aushöhlung des christlichen Glaubens im Zugzwang einer vom Christentum sich immer mehr entfernenden öffentlichen Kultur dürfen wir Christen und Christinnen uns nicht einfach der Welt angleichen, sondern sind auch berufen und verpflichtet, öffentlich für Jesus Christus Partei zu ergreifen in Worten und mit Taten: »Es ist besser, für gute Taten zu leiden, wenn es Gottes Wille ist, als für böse« (1 Petr 3,17).

Das Gebet gehört zu den großen Liebesgaben Gottes für die Menschen.

16 DIE SENDUNG
Von der Bereitschaft zum Innersten

Das Evangelium berichtet davon, dass sich schon die Jünger Jesu über die Lieblingsfrage unterhielten, wer von ihnen wohl der Größte sei. Angesichts der heutigen kirchlichen Situation finde ich in diesem Evangelium einen großen Trost. Es zeigt nicht nur, dass bereits die Jünger Jesu unter sich einen Rangstreit ausgefochten haben. Vielmehr haben wir der Tatsache, dass schon die Jünger Jesu vor der Karrieresucht nicht gefeit waren, die größten Zumutungen und radikalsten Herausforderungen Jesu zu verdanken. Denn Jesus nimmt die Frage der Jünger nach der hierarchischen Rangordnung auf, aber er stellt sie zugleich auf den Kopf: »Wer der Erste sein will, soll der Letzte von allen und der Diener aller sein« (Mk 9,35). Der menschlichen und allzu menschlichen Karrieresucht nach oben stellt Jesus die göttliche Karriere nach unten entgegen, die er selbst gelebt hat, als er seinen Jüngern nicht die Köpfe, sondern die Füße gewaschen hat.

Sendung zum Dienst ohne Hintergedanken

Jesus schreibt damit der Kirche auch heute ins Stammbuch, dass ihre erste Existenzberechtigung und Sendung im uneigennützigen Dienst an den Menschen besteht. Diese Zumutung tut uns gerade in der heutigen Zeit Not, in der wir darunter leiden, dass so viele Menschen unsere Kirche verlassen, und in der wir uns verpflichtet fühlen, viel pastorale Phantasie zu entwickeln, wie wir die austrittswilligen Menschen bei der kirchlichen »Stange« halten können. Wenn wir aber nur auf die stets sinkende Zahl der Kirchenglieder und Gottesdienstbesucher starren, droht unsere Seelsorge zur bloßen »Zählsorge« zu werden.

Christliche Seelsorge aber besteht im Dienst am Menschen, und zwar ohne Hintergedanken und ohne berechnendes Schielen nach pastoralen Erfolgen. Dienende Seelsorge setzt die Grundhaltung der Demut voraus, die eine ungemein herausfordernde Tugend ist. Sie braucht Mut, genauerhin Dien-Mut. Solcher Mut zum Dienen ist grundgelegt in einem noch elementareren Mut; und dies ist die mutige Bereitschaft, sich selbst dienen zu lassen, und zwar von Gott. Denn Gott ist immer der zuerst an uns Handelnde; und unser Handeln kann nur die Antwort auf das vorgängige Handeln Gottes an uns sein.

Im Glauben erkennen wir Gott, und im Licht der Gotteserkenntnis erkennen wir auch uns selbst. Zur wahren Selbsterkenntnis im Glauben gehört das Bewusstsein, dass wir selbst erlösungsbedürftig sind. Dies schärft uns die biblische Botschaft immer wieder in aller Deutlichkeit ein. Sie sucht die Ursachen für unsere verkehrten Lebenshaltungen und findet sie in uns selbst. Damit steht sie quer zur heute dominierenden Lebenseinstellung. Denn wir sind weithin überzeugt, von Haus aus eigentlich gut zu sein, aber in unserem Gutsein von der gesellschaftlichen Umwelt behindert zu werden. Deshalb pflegen wir gerne die Gründe für die Missstände nicht im »Innerorts« unseres Herzens zu suchen und zu finden, sondern im «Außerorts«, in den gesellschaftlichen Verhältnissen oder den sozialen Bedingungen unseres Menschseins. Getreu dem Motto von BERTOLD BRECHTS »Gutem

Menschen von Sezuan« – «Ich wär ja gern ein guter Mensch, nur leider sind die Verhältnisse nicht so« – pflegen auch wir gerne allein die anderen schuldig zu sprechen.

Wenn aber allein die anderen die Schuld tragen, kann das uns Menschen heute elektrisierende Stichwort nur Emanzipation heißen, nämlich Befreiung von allen äußeren, unser Gutsein beeinträchtigenden und einschränkenden Bedingungen, um den guten und freien Kern unseres Menschseins retten zu können. Diese Grundhaltung hat selbst in der Kirche heute Hochkonjunktur. Auch hier suchen wir das Heil so oft allein oder vorrangig in der Reform der kirchlichen Strukturen und tun dabei das Äußerste. Solche Strukturreformen haben zweifellos ihr ganz spezifisches Gewicht – und sie müssen es haben. Es gibt überhaupt keinen Grund, sie zu verdrängen oder zu verharmlosen. Dennoch ist die Frage angebracht, ob hier der eigentliche Hebel zur Erneuerung der Kirche liegt. Müsste uns nicht ein Wort des Dichters EUGEN ROTH zu denken geben:»Ein Mensch nimmt guten Glaubens an, / er hab' das Äußerste getan. / Doch leider Gott's vergisst er nun, / auch noch das Innerste zu tun.«

An die Wurzel gehen

Zahlreiche Erfahrungen, die wir in den vergangenen Jahren in unserer Kirche machen konnten, bestätigen die Weisheit dieses Dichterworts. Denn strukturelle Veränderungen allein ändern nicht von sich her das Verhalten der Menschen; dieses kann sich vielmehr sehr leicht unter der Decke veränderter Strukturen fortsetzen. Gewiss lassen sich »außen« und »innen« nicht säuberlich voneinander trennen. Aber muss nicht gerade in der Kirche alle Dynamik von innen nach außen gehen? Müsste nicht im Mittelpunkt all unserer Bemühungen weder eine »Kirche von oben« noch eine »Kirche von unten«, sondern eine »Kirche von innen« stehen, und zwar oben wie unten? Der Streit zwischen einer »Kirche von oben« und einer »Kirche von unten«, um den sich heute freilich das öffentliche Gespräch wundredet, lässt sich nur schlichten mit dem Aufbau einer »Kirche von innen«, in der sich alles um das Geheimnis Gottes dreht.

Wenn wir heute in Sachen Kirchenreform das Äußerste tun, ist es an der Zeit, zugleich auch das Innerste zu tun. Denn ohne tiefe Verwurzelung in Gott kann es keine wahre Kirchenreform geben. An Haupt und Gliedern erneuert wird die Kirche weder von oben noch von unten, sondern allein von innen, und zwar oben wie unten. Die biblische Botschaft jedenfalls ruft uns eindringlich in Erinnerung, dass die tiefsten Ursachen der äußeren Missstände im Innern der Menschen selbst liegen. Damit geht die Bibel von einem durchaus weniger optimistischen, dafür aber realistischeren Menschenbild aus als demjenigen, das der heutigen Emanzipationssehnsucht zugrunde liegt. Gewiss leugnet auch der christliche Glaube nicht, dass es äußere Verhältnisse und Bedingungen gibt, die unser menschliches Gutsein behindern. Aber in seiner Sicht machen sie nicht die eigentliche Wurzel der menschlichen und gesellschaftlichen Missstände aus. Der Glaube weiß vielmehr darum, dass wir Menschen darauf angewiesen sind, allererst zu unserem Gutsein befreit und erlöst zu werden.

Dank, Buße und Gebet

Genau darin liegt das entscheidende Angebot des christlichen Glaubens an uns Menschen, dass wir uns von Gott von unserer Unfreiheit befreien lassen dürfen, um dann von unserer befreiten Freiheit auch wirklich befreienden Gebrauch machen zu können. Dank, Buße und Bitte werden damit zum unabdingbaren Dreiklang eines christlichen Lebens, zu einem Dreiklang, von dem kein Ton ausfallen darf:

Der Dank ist der schönste Ausdruck unserer Grundhaltung des Kindseins Gott gegenüber. Denn wer dankt, weiß darum, dass eigentlich nichts selbstverständlich ist, dass sich vielmehr auch die scheinbaren Selbstverständlichkeiten unseres Lebens gerade nicht von selbst verstehen. Wer dessen wirklich ansichtig wird, der wird zu Dankbarkeit gegenüber Gott, dem Geber, Erhalter und Vollender allen Lebens geführt und der vollzieht sein Leben als ein dankbares Lebewesen. Vor Gott geht uns aber auch auf, wie oft wir hinter dem zurückbleiben, was er von uns erwartet, dass wir ihm also viel schuldig bleiben. Die angemessene Antwort auf diese Erfahrung kann nur die Buße im biblischen Sinn der Umkehr und der Hinkehr unseres Lebens zu Gott sein.

Im Gebet schließlich bringen wir zum Ausdruck, dass wir nicht aus uns selbst leben, sondern angewiesen bleiben auf das Wirken Gottes. In der Sicht der Heiligen Schrift ist das Gebet sogar vom Heiligen Geist selbst angetrieben und ist eine seiner schönsten Wirkungen:»So nimmt sich auch der Geist unserer Schwachheit an. Denn wir wissen nicht, worum wir in rechter Weise beten sollen; der Geist selber jedoch tritt für uns ein mit Seufzen, das wir nicht in Worte fassen können« (Röm 8,26). Insofern sind es eigentlich nicht wir Menschen, die beten. Es ist vielmehr der Heilige Geist, der in uns betet. Er ist der wahre und eigentliche Vorbeter. Und das Gebet ist der Atem des Glaubens, der aber nur im Kraftfeld des Geistes Gottes möglich ist. Das Gebet gehört, wie OSCAR CULLMANN sagt,»zu den großen Liebesgaben Gottes für die Menschen«.

Im Gebet»machen« wir Menschen etwas, das wir prinzipiell nicht machen können, weil das, was im Gebet geschieht, nicht dem Machen des Menschen, sondern dem Handeln Gottes entspringt. Die menschliche Aufgabe im Gebet besteht vielmehr in der Bereitschaft, sich helfen zu lassen. Im Gebet wird evident, dass Christen und Christinnen nicht – auch und gerade in der Kirche nicht – allein auf das Sichtbare und Machbare, auf das Planbare und Leistbare schauen und bauen, sondern auf das unverfügbare Wirken des Heiligen Geistes und ihm Raum geben und dass sie dem Gebet zumindest so viel zutrauen wie ihrer eigenen Leistung. Als Christen dürfen wir im Gebet erfahren, dass Gott selbst in uns das Innerste wirkt, auf dass wir dann das Äußerste tun können.

UNTERWEGS IM VORLÄUFIGEN

Die Heiligkeit leben

Heiligkeit ist nicht das Ungewöhnliche, sondern das Gewöhnliche, das Normale für jeden Getauften.

Joseph Kardinal Ratzinger

17 DIE GÖTTLICHE ANKUNFT
Von der Heiligkeit als Normalfall des Glaubens

Die Heiligen sind die Antworten Gottes auf die Fragen der Menschen. Diese alte Weisheit trifft in besonderer Weise auf eine heilige Frau des zwanzigsten Jahrhunderts zu, auf LÉONIE FRANCOISE DE SALES AVIAT, deren schöne Glaubensdevise hieß: »Herr, ich stehe dir zur Verfügung; mach mit mir, was dir gefällt.« Dieses Selbstbekenntnis öffnet den Blick für die wohl elementarste Frage des christlichen Glaubens, worin der Wille Gottes besteht. Auf diese Frage gibt Paulus im ersten Brief an die Thessalonicher die ebenso elementare Antwort: »Das ist es, was Gott will: eure Heiligung« (1 Thess 4,3). Paulus sagt damit, dass der Wille Gottes im Letzten ganz einfach und in seinem Kern für alle Menschen gleich ist, nämlich Heiligkeit. Die christliche Berufung zur Heiligkeit ist nicht elitär, sondern ganz und gar egalitär.

Normalfall des Heiligen

Im Licht des christlichen Glaubens ist Heiligkeit, wie JOSEPH KARDINAL RATZINGER mit Recht betont, »nicht das Ungewöhnliche, sondern das Gewöhnliche, das Normale für jeden Getauften«. Die Heiligkeit besteht nicht in irgendwelchen großen unnachahmbaren Heroismen, sondern im gewöhnlichen Leben des Christen von Gott her, mit Gott und auf Gott hin, um dieses Leben im Geist des Glaubens zu durchformen. Die christliche Heiligkeit verwirklicht sich deshalb in unzählbaren Gestalten, auch heute nach dem Willen Gottes zu suchen und in tiefer Gemeinschaft mit Gott zu leben. Sie kann in jedem Beruf und Stand gelebt werden.

Heilig ist der Mensch, der den Willen Gottes sucht und gewillt ist, in ihn einzuwilligen. Dies aber setzt voraus, dass nicht wir uns heilig machen, sondern dass wir heilig gemacht werden. Wie wahre Liebe immer das Passiv des Geliebtwerdens voraussetzt, so ist auch die christliche Heiligkeit immer mit einem Passiv verbunden, nämlich mit dem Annehmen des Geliebtwerdens durch Gott und dem Durchhalten dieses gläubigen Annehmens selbst in Situationen des Leidens und des Kreuzes.

Wo die Sehnsucht nach dem Willen Gottes und nach dem bereiten Einwilligen des eigenen Willens die eigentliche Triebkraft von gläubigen Menschen wird, dort leben sie in exemplarischer Weise, was Jesus uns im Evangelium zumutet, wenn er uns ein Kind als Vorbild vor Augen führt und uns auffordert, zu werden wie die Kinder: »Wer so klein sein kann wie dieses Kind, der ist im Himmelreich der Größte« (Mt 18,4). Bereits in unserer menschlichen Erfahrung zeichnet sich ein Kind vor allem dadurch aus, dass es auf andere Menschen angewiesen ist. Es lebt buchstäblich auf Kosten anderer. Es ist in radikaler Weise Armut, Ohnmacht und Angewiesenheit. In dieser Armut liegt aber ein großer Reichtum verborgen, der darin besteht, dass sich andere von seiner Armut und Bedürftigkeit anrühren lassen.

Dieser Reichtum der Armut des Kindes wird dabei nirgendwo so deutlich wie in der Beziehung des Menschen zu Gott. Denn Kindsein ist auch die wahre Grundhaltung von uns Menschen Gott gegenüber: Vor Gott erfahren und erleben wir uns immer wieder als Kind, das auf ihn ganz angewiesen ist und ihm sein Leben bis in die letzten Fasern hinaus verdankt. Denn Gott ist der Schöpfer unseres Lebens, das wir ihm verdanken. Diese Erkenntnis, dass wir von ihm abhängig sind, und die Bereitschaft, uns von ihm bedienen zu lassen, heißt im christlichen Sinn »glauben«.

Wohnung für das Wort Christi

Die Grundhaltung der Kindlichkeit eröffnet den Blick auf das weihnachtliche Geheimnis unseres Glaubens. Denn wirklich Kind Gottes werden können wir nur deshalb, weil der Sohn Gottes selbst wirklich Mensch geworden ist. Diese erlösende Dimension des Geheimnisses der Menschwerdung Gottes hat der heilige ATHANASIUS im vierten Jahrhundert so ausgedrückt: »Der Mensch könnte nicht vergöttlicht werden und bliebe an ein Geschöpf gebunden, wenn der Sohn nicht wahrer Gott wäre.« Wir alle sind berufen, eine weihnachtliche Wohnung für das Wort Christi zu sein. Dies ist aber nur möglich, wenn unser Herz nicht bereits voll besetzt ist, sondern leer wird und sich selbst vergisst.

Darin besteht eine große Herausforderung, zumal in der Welt von heute, in der das die Menschen elektrisierende Stichwort gewiss nicht Selbstvergessenheit heißt, sondern Selbstbestimmung und Selbstverwirklichung. Die Selbstbestimmung ist heute derart zum höchsten Wert avanciert, dass Menschen nicht nur die Art und Weise und den Zeitpunkt ihres Sterbens selbst bestimmen wollen, dass sie vielmehr auch meinen, in Selbstbestimmung sogar über das noch ungeborene Leben verfügen zu können und es auch zu dürfen. Angesichts der Karriere, die das Stichwort der Selbstbestimmung in der heutigen Welt macht, hört sich die Zumutung Jesu wie eine Stimme aus einer anderen Welt an. In der Tat ist es eine Stimme aus einer anderen Welt, nämlich aus jener Welt, an der auszurichten uns Paulus aufruft: »Ihr seid mit Christus auferweckt; darum strebt nach dem, was im Himmel ist, wo Christus zur Rechten Gottes sitzt. Richtet euren Sinn auf das Himmlische und nicht auf das Irdische« (Kol 3,1-2).

Gemeinsame Berufung zur Heiligkeit

In dieser Orientierung am Himmlischen verwirklicht sich die Berufung aller Getauften, in den alltäglichen Lebensbeziehungen ein heiliges und heiligendes Leben zu führen. Diese Überzeugung von der Berufung aller Christen und Christinnen aufgrund der Taufe ist vom Zweiten Vatikanischen Konzil wiederentdeckt worden, wenn es von der »allgemeinen Berufung zur Heiligkeit« spricht, der das ganze fünfte Kapitel der Dogmatischen Konstitution über die Kirche gewidmet ist und von der es heißt: »Alle Christgläubigen jeglichen Standes oder Ranges sind zur Fülle des christlichen Lebens und zur vollkommenen Liebe berufen.« Diese entscheidende Leitperspektive des Konzils hat auch Papst JOHANNES PAUL II. in seinem Apostolischen Schreiben »Novo millennio ineunte« aufgegriffen, das er zum Abschluss des Heiligen Jahres 2000 geschrieben und in dem er pastorale Leitlinien für die Kirche am Beginn des neuen Jahrtausends skizziert hat. Unter den Zukunftsperspektiven »Neu anfangen bei Christus« ruft uns der Papst als erste pastorale Priorität die gemeinsame Berufung zur Heiligkeit in Erinnerung: »Ohne Umschweife sage ich vor allen anderen Dingen: Die Perspektive, in die der pastorale Weg eingebettet ist, heißt Heiligkeit.«

Christliche Heiligkeit verwirklicht sich dabei vor allem in der Zugehörigkeit zu Gott, dem wahrhaft Heiligen, der »der dreimal Heilige« ist (Jes 6,3). Heilig ist einzig und allein Gott; und wir Menschen vermögen nur dadurch heilig zu werden, dass wir uns ganz in Gott hineinverwurzeln. Von Gott selbst muss deshalb die Rede sein, wenn wir von Heiligkeit und von heiligen Menschen sprechen. Denn dort ist im Tiefsten gegeben, was unsere Kirche einen Heiligen nennt, wo das Urteil des Glaubens den Mut aufbringt, von einem konkreten Menschen zu bekennen, dass Gott bei ihm endgültig angekommen ist: Eine Heilige, ein Heiliger ist ein Mensch, der so offen und empfangsbereit für Gott ist, dass Gott wirklich bei ihm Ankunft, Advent, halten kann. Wenn wir Heilige verehren, dann ehren und loben wir Gott und seinen siegreichen Advent bei diesen konkreten Menschen, wie wir es in der Präfation von den Heiligen besingen: »Die Schar der Heiligen verkündet deine Größe, denn in der Krönung ihrer Verdienste krönst du das Werk deiner Gnade.«

Das Glaubenszeugnis der Heiligen fordert uns heraus, auch heute nach dem Willen Gottes zu suchen und in tiefer Gemeinschaft mit Gott zu leben. Diese Zugehörigkeit zu Gott ist uns geschenkt in unserer Taufe. Mit ihr sind wir in Christus einverleibt und damit in die Heiligkeit Gottes eingetreten. Heilig werden und als Getaufte leben ist deshalb identisch. Nur wenn wir diese Berufung zur Heiligkeit in ihrer wahren Tiefe und Strahlkraft wiederentdecken und nur wenn die einzelnen Christen ihr Christsein als ihre Berufung realisieren und als Getaufte leben, werden wir wieder mehr Berufungen zum geistlichen Leben und zum kirchlichen Dienst finden: »Nur aus der Quelle des neuen Lebens, das in der Taufe mitgeteilt wird, erfließen die Charismen, Dienste und Ämter für die Kirche.« Diese hellsichtigen Worte von KARL KARDINAL LEHMANN machen deutlich, dass die Verlebendigung des Taufbewusstseins zu den ersten pastoralen Prioritäten in der heutigen Kirche gehört und dass die vornehmliche Sorge der Kirche darin bestehen muss, den Menschen zu helfen, auf den Ruf Gottes in ihrem eigenen Leben zu hören und ihre ureigene Antwort auf diesen Ruf Gottes geben zu können. Denn wenn uns Gott beim Namen gerufen hat, dann erwartet er von uns auch eine persönliche Antwort. Und wenn Gott, der Heilige beruft, dann ruft er uns zu einem heiligen Leben, das sich ausrichtet an seinem Willen zum Heil.

Die Kirche schreitet zwischen den Verfolgungen der Welt
und den Tröstungen Gottes auf ihrem Pilgerweg voran.

Augustinus

18 DIE PILGERSCHAFT
Vom Obdach der Seele
und dem offenen Himmel des Glaubens

Wir haben uns angewöhnt, jene Menschen selig zu preisen, die es in ihrem Leben zu etwas gebracht haben. Wer es genau wissen will, wen unsere modernen Seligpreisungen im Auge haben, braucht sich nur die Mühe zu machen, die alltägliche Reklame im Fernsehen anzuschauen. Seliggepriesen werden in der Präsentation der Medien allemal die Erfolgreichen und Arrivierten, die Glücklichen und Wohlhabenden. Seliggepriesen werden nicht so sehr die Gott-Sucher, sondern die Welt-Macher. Jesus dagegen preist diejenigen selig, die in und aus der Gegenwart Gottes leben und vor allem darum wissen, dass sie vor Gott arm sind (Mt 5,3). Jesus adressiert sein besonderes Glückwunschtelegramm an die Menschen, die zu ihm gehören und die nach seiner Botschaft vom Kommen des Reiches Gottes leben.

Dieser Lebensstil der Seligpreisungen Jesu steht freilich quer zu der in der heutigen Gesellschaft und manchmal auch in der Kirche dominierenden Mentalität. In dieser Situation hat die Kirche keine wichtigere Aufgabe, als den lebendigen Gott zu verkünden und den Menschen Geborgenheit im Geheimnis Gottes als ein Obdach der Seele zu schenken. Gerade der heutige Mensch braucht nicht nur ein Dach für seinen Körper, sondern auch ein Dach für seine Seele. Welch größeres und schützenderes Obdach der Seele wäre denkbar in einer Welt, in der viele Menschen ihre seelische Obdachlosigkeit als bedrohlich erleben, als die Erfahrung einer elementaren Geborgenheit in Gott?

Zeitvermehrung im Blick auf den Himmel

Dies gilt zumal, wenn wir bedenken, dass unser irdisches Leben »kurz und verantwortungsvoll« ist: »Man kann nicht darauf rechnen, wie auf einen ständigen Wohnsitz, und sich Möbel anschaffen. Es sind einem Fristen gesetzt und Summen angewiesen ... Wir alle befinden uns auf einer Dienstreise.« Diese Worte schrieb ANDREJ SINJAWSKI, der immerhin sieben Jahre seines Lebens in Sibirien verbringen musste und dort gelernt hat, mit der Zeit und damit auch mit seinem eigenen Leben umzugehen. Er bringt damit zum Ausdruck, dass unser menschliches Leben in der Tat eine Hochschule im Erlernen des Umgangs mit der Zeit und in der Bewältigung des doppelseitigen Problems der heutigen Zeit ist, dass wir einerseits zu wenig Zeit haben und dass wir andererseits zu viel Zeit vergeuden.

Dieses Problem besteht genauer darin, dass die Menschen früher vierzig Jahre plus ewig gelebt haben, heute aber nur noch achtzig Jahre leben und dass dies sehr viel weniger ist. In der Tat haben wir mehr Zeit, wenn wir von der Zukunft des ewigen Lebens her unsere Gegenwart gestalten. Und wenn wir im Glauben darum wissen dürfen, dass unser irdisches Leben nicht die »letzte Gelegenheit«, sondern eine gute Gelegenheit der Vorbereitung auf das ewige Leben ist, dann brauchen wir uns auch nicht krampfhaft an unserer befristeten Zeit festzukrallen. Hängt die Gehetztheit des heutigen Lebens nicht doch wesentlich damit zusammen, dass wir zu wenig von der Ewigkeit her leben?

Der christliche Glaube will uns dazu verhelfen, dass wir einen gesunden Umgang mit der Zeit wiederfinden können. Denn er orientiert die menschliche Lebensgestaltung vor allem dadurch, dass er unseren Blick weitet auf die Zukunft unserer endgültigen Vollendung bei Gott. Die biblischen Menschen verstehen sich als »Fremdlinge und Gäste«, die auf das Kommen Gottes warten und deshalb »nach einer besseren Heimat, nämlich der himmlischen« streben (Hebr 11,13b.16a). Sie empfinden sich hier »im Exil«, »fern vom Herrn«, bei dem sie ihre eigentliche Heimat haben (2 Kor 5,6). Als Spezialisten für Gott sind die biblischen Menschen deshalb zugleich Spezialisten für die wahre Heimat im Himmel.

Diese Zielorientierung des christlichen Lebens ist für unseren Glauben fundamental, vor allem dann, wenn es um seinen Erntsfall geht. Denn das Glaubenszeugnis, das bis zum Martyrium bereit ist, ist nur möglich, wenn man von der wahren Heimat im Himmel überzeugt ist. Dies zeigt sich bereits beim ersten Märtyrer der Christenheit, beim heiligen Stephanus. Von ihm wird nicht zufälligerweise berichtet, dass er vor seiner Steinigung zum Himmel emporblickte, die Herrlichkeit Gottes sah und rief: »Ich sehe den Himmel offen und den Menschensohn zur Rechten Gottes stehen« (Apg 7,56). Dieses Glaubenszeugnis, dass wir unter einem offenen Himmel leben dürfen, hat die Kirche zu jeder Zeit nötig, zumal in der heutigen Situation, in der wir uns oft nur noch mit einer gewissen Scheu dieser Lebensorientierung an der wahren Heimat im Himmel zu nähern pflegen.

Kulturschöpfung durch Himmelssehnsucht

Der Grund dafür dürfte darin liegen, dass gerade in uns modernen Christen und Christinnen die Angst vor den religionskritischen Vorwürfen der Weltflucht und der Vertröstung auf das Jenseits seit der Aufklärung so tief steckt, dass sie fast zu einer Selbstzensur in unserem

Reden vom ewigen Leben und vom Himmel zu verkommen droht. Der Ausblick auf den Himmel und die Hoffnung auf die endgültige Vollendung des menschlichen Lebens werden deshalb heute (vor-)schnell mit dem Vorwurf der Jenseitsvertröstung versehen. Vor allem KARL MARX hat uns Christen vorgehalten, wir würden mit unserer Hoffnung auf das ewige Leben und mit unserer Aussicht auf den Himmel die Erde verraten und wir seien deshalb diesseitsvergessene »Kandidaten des Jenseits«. Dieser Vorwurf mag zu MARXens Zeiten teilweise berechtigt gewesen sein. Heute aber, so scheint es mir jedenfalls, pflegen wir Christen selbst die Aussicht auf den Himmel in die Einsicht in die reale Situation des diesseitigen Lebens so sehr umzupolen, dass uns wohl kaum jemand mehr vorwerfen kann, wir seien diesseitsblinde »Kandidaten des Jenseits«. Wir präsentieren uns vielmehr weithin selbst als etwas jenseitsvergessene Studenten des Diesseits.

Eine solche angestrengte Diesseitigkeit bildet in der heutigen kirchlichen Landschaft gleichsam einen cantus firmus. Zu ihm verhält sich der in der biblischen Botschaft uns zugemutete Ausblick auf eine »bessere Heimat, nämlich die himmlische«, wie ein Kontrapunkt. Das erzchristliche Selbstverständnis von einer doppelten Bürgerschaft der Christen, von ihrer provisorisch-irdischen Pilgerschaft und von ihrer endgültig-himmlischen Beheimatung, lenkt freilich nicht von der irdischen Verantwortung der Christen für die Erde ab. Dies zeigt jedenfalls ein kurzer Blick in die Geschichte der Klöster und Ordensgemeinschaften: Ausgerechnet die Menschen, die sich nach der ewigen Heimat gesehnt und deshalb ihre irdische Heimat verlassen haben, um als Mönche in fremden Ländern Christus zu suchen und zu bezeugen, sind zu den großen Zivilisatoren und Kultivatoren in der europäischen Landschaft geworden. Ihr Beispiel zeigt, dass die wahre Diesseitsverantwortung der Christen allererst aus der echten Jenseitshoffnung erwächst – wie umgekehrt erst die Glaubensverantwortung für das ewige Leben wahre Freude am diesseitigen Leben ermöglicht.

Verfolgungen der Welt und Tröstungen Gottes

Den unlösbaren Zusammenhang zwischen der Hoffnung auf den Himmel und der Verantwortung für die Erde hat das Zweite Vatikanische Konzil in Erinnerung gerufen, wenn es die Kirche als Volk Gottes bezeichnet. Dieses Bild bringt zum Ausdruck, dass wir Christen auf der Erde Pilger sind und dass das Ziel unserer Pilgerschaft der Himmel ist, wie wir dieses Geheimnis in einem Lied besingen, das sich heute besonderer Beliebtheit erfreut: »Wir sind nur Gast auf Erden und wandern ohne Ruh mit mancherlei Beschwerden der ewigen Heimat zu.« Nur von diesem Ziel her macht das vom Konzil gewählte Bild vom wandernden Gottesvolk Sinn. Es erinnert uns daran, dass wir als Christen und als Kirche das Ziel noch nicht erreicht haben und noch unterwegs sind, dass wir aber um unser Ziel wissen, uns nach ihm ausstrecken und uns nach dem Kommen Christi sehnen.

Als Volk Gottes leben wir zwischen Pfingsten und der Wiederkunft Christi. In dieser Zwischenzeit trifft zweifellos die Einsicht des heiligen AUGUSTINUS zu: Die Kirche »schreitet zwischen den Verfolgungen der Welt und den Tröstungen Gottes auf ihrem Pilgerweg voran«. Es lohnt sich, beide Wirklichkeiten wahrzunehmen und zu bedenken: die Verfolgungen der Welt und die Tröstungen Gottes.

Dass unsere irdische Wanderschaft auch mit »Verfolgungen der Welt« konfrontiert ist, macht uns wiederum der Hebräerbrief bewusst. Er redet davon, dass Gott selbst die Fremde auf sich genommen und dass Jesus »außerhalb des Tores« gelitten hat und am Kreuz gestorben ist, und er fordert uns auf: »Lasst uns also zu ihm vor das Lager hinausziehen und seine Schmach auf uns nehmen. Denn wir haben hier keine Stadt, die bestehen bleibt, sondern wir suchen die künftige« (Hebr 13,12-14). Damit wird der Ernstfall unserer irdischen Wanderschaft sichtbar: Wie Jesus »außerhalb des Tores« gelitten hat, so ist auch die Kirche »außerhalb des Tores« entstanden, nämlich in der Fremde. Hier liegt der tiefste Grund, dass das frühe Christentum das Kreuzzeichen zu seinem entscheidenden Symbol gewählt hat. Es erinnert uns bleibend daran, dass wir unsere irdische Fremdlingschaft nie vergessen dürfen, selbst wenn wir uns als Kirche in der Stadt oder im Dorf eingebürgert haben. Die Kirche bleibt auch im Rahmen der modernen Stadt Fremdling in der Welt – unterwegs zur wahren Heimat im Himmel.

Die Kirche spürt aber nicht nur die »Verfolgungen der Welt«, sondern auch die »Tröstungen Gottes«, die bereits Jesus selbst erfahren hat: »Als Christus auf Erden lebte, hat er mit lautem Schreien und unter Tränen Gebete und Bitten vor den gebracht, der ihn aus dem Tod retten konnte, und er ist erhört und aus seiner Angst befreit worden« (Hebr 5,7). In seinem Leiden und in seinen Schmerzen hat Jesus immer wieder Zuflucht genommen im Gebet zu seinem Vater. In der gleichen Weise dürfen auch wir Christen heute die schönste »Tröstung Gottes« immer wieder im Gebet erfahren. Auf unserer irdischen Wanderschaft ist das Gebet die für Gott verlorene Zeit. Wer sich darauf wirklich einlässt, wird freilich erfahren, dass die für Gott verlorene Zeit sich wandelt zu der für uns Menschen gewonnenen Zeit.

Dies gilt in besonderer Weise vom eucharistischen Hoch-Gebet. Es ist die Einbruchstelle der ewigen Heimat im Himmel in die Zeit unserer irdischen Pilgerschaft. In der Eucharistie erweist sich uns Christus als Gastgeber, er präsentiert sich uns als gastfreundlicher Wirt, und er schenkt uns sich selbst als »Wegzehrung« im tiefsten Sinne des Wortes. Die Eucharistie ist die wahre Raststätte auf unserer irdischen Pilgerschaft als Kirche, die unser Leben ausrichtet und uns sehnsüchtig nach Gott und seiner Gegenwart in unserem Leben macht. Als in der Eucharistie verwandelte und von Jesus seliggepriesene Menschen dürfen wir den Weg der alltäglichen Wanderschaft unseres Lebens weiter gehen.

Wer mit dem Teufel einigermaßen vertraut ist, ist weniger geneigt,
sich über den Zustand der Welt Illusionen zu machen.

Hermann Lübbe

19 DER KOSMISCHE KAMPF
Vom Realismus des Glaubens und dem Beistand der Engel

Es ist recht still geworden um die Engel, Erzengel und Schutzengel in der heutigen Kirche – im Unterschied zu den esoterischen Strömungen, bei denen die Engel Hochkonjunktur haben. Bei uns aber scheint es, dass sie zu fliegen aufgehört haben. Und es macht den Anschein, dass wir Christen heute uns selbst zunächst Flügel beschaffen und weit in die Vergangenheit zurückfliegen müssen, um den majestätischen Flug der Engel bewundern zu können. Statt von Engeln zu reden, pflegen wir lieber »den Teufel an die Wand zu malen«. Doch auch hier stellt sich die Frage, ob es sich dabei bloß um eine harmlose Redewendung handelt, die sich nicht einmal Rechenschaft darüber gibt, was sie aussagt, oder ob wir mit der teuflischen Wirksamkeit auch in der heutigen Welt wirklich rechnen.

Erlösungsbedürftigkeit des ganzen Kosmos

Im aufgeklärten Bewusstsein scheint es festzustehen, dass es dämonische Kräfte und teuflische Mächte und damit umgekehrt freilich auch Engel gar nicht geben kann – getreu dem Motto, dass das, was nicht sein darf, auch nicht sein kann. Der Grund für diese Behauptung dürfte wahrscheinlich in der Abwehr des Missbrauchs der Lehre von Teufel und Dämonen in der Kirchengeschichte liegen. Vor allem in der Gestalt des Teufels wurde immer wieder ein willkommenes Alibi gesehen, um die eigene Verantwortung und Schuld auf jemanden abwälzen zu können. Lässt man dieses Alibi nicht zu, stellt sich aber die Frage, ob nicht zusammen mit einem problematischen Bad ein notwendiges Kind ausgeschüttet wird und ob nun umgekehrt alle Verantwortung für das Böse in der Welt dem Menschen angelastet werden soll. Wenn der Mensch selbst für alles Böse in der Welt die Verantwortung übernehmen muss und will: nimmt er sich dann seinerseits nicht zu wichtig, und übernimmt er sich dabei nicht? Liegt darin nicht eine sehr subtile Form des »Gotteskomplexes« des heutigen Menschen, der für alles und damit auch für das Böse in der Welt zuständig sein will?

Ausgerechnet der Züricher Philosoph HERMANN LÜBBE betont, dass sich die Frage nach dem Ursprung des Bösen in der Welt ohne Rekurs auf die biblische Überzeugung von Engeln und Dämonen gar nicht beantworten lässt. Er vermutet, »dass, wer mit dem Teufel einigermaßen vertraut ist, weniger geneigt ist, sich über den Zustand der Welt, in der wir leben, Illusionen zu machen«. Mit dieser Überzeugung steht der Philosoph ganz auf biblischem Boden. Denn die biblische Botschaft bietet auf die Frage nach dem Ursprung des Bösen keineswegs eine eingleisige, sondern eine vieldimensionale Antwort. Sie redet nicht nur von der persönlichen Sünde des Menschen, sondern auch von einer über die ganze Menschheit herrschenden Macht der Sünde und erst recht von bösen »Mächten und Gewalten«.

Es versteht sich dabei von selbst, dass diese »Mächte und Gewalten« nicht in der Mitte, sondern am Rande der biblischen Botschaft stehen. Insofern handelt es sich durchaus um Randwahrheiten unseres

Glaubens, die aber den Blick frei geben auf seine entscheidende Mitte. Diese besteht in der Verkündigung der Erlösungstat Gottes in Jesus Christus. Diesbezüglich machen die Aussagen von »Mächten und Gewalten« den äußersten kosmischen Horizont dieser Erlösungstat Gottes namhaft und bringen die universale Erlösungsbedürftigkeit der ganzen Schöpfung zum Ausdruck: »In der Frage der Engel wie der Dämonen steht, bei allem sekundären, ja tertiären Charakter dieser Wahrheiten, doch Entscheidendes für das Zentrum des Glaubens auf dem Spiel. In der biblischen Rede von den Engeln wie vom Teufel beziehungsweise von den Dämonen geht es in symbolhafter Sprache um den eschatologischen Sinn der Welt, näherhin um den universalkosmischen Sinn der Erlösungstat Jesu Christi« (WALTER KARDINAL KASPER).

Kampf zwischen Gut und Böse

In der Tat lässt sich die universale kosmische Dimension der Erlösungstat Jesu Christi nicht überzeugend dartun ohne den äußersten Horizont des Bösen, wie er durch die »Mächte und Gewalten« repräsentiert wird. Davon geht die biblische Botschaft selbstverständlich aus. Sie redet im Blick auf einzelne Engel – wie vor allem den Erzengel Michael – sogar von einem Kampf gegen den Drachen und seine Engel. Dass das Gute mit dem Bösen im Kampf liegt, ist eine Grundüberzeugung unseres Glaubens. Denn das Gute stellt sich nicht einfach von selbst ein, wie es eine allzu optimistische Weltsicht gerne hätte. Das Gute muss vielmehr errungen und erkämpft werden, und zwar schlicht deshalb, weil das Böse mächtig und übermächtig ist. Dies bestätigt sich jedenfalls durch einen realistischen Einblick in die heutige Welt und in die vom Bösen imprägnierten Strukturen, die man vor allem in jener dreifachen Herrschaft der Sucht, des Geldes und der Cupido wahrnehmen muss, die JOSEPH KARDINAL RATZINGER als »teuflische Trinität von Sex, Droge und kollektiver Gewalt« namhaft gemacht hat.

Auch heute hat die Welt drachenhafte Züge. Dabei liegt es in der Hand der Christen und der Kirche, gegen die Drachen auf Erden zu kämpfen, mit der sympathischen Begleitung durch die Engel als unseren Anwälten gegen den drachenhaften Ankläger. Dieser Kampf mit dem Bösen setzt voraus, dass wir Christen in einem gläubigen Realismus in unsere Welt hineinschauen. Ein solcher realistisch-illusionsloser Einblick in unsere Welt ist aber ohne hoffnungsvollen Ausblick auf den Himmel nicht möglich. Dieser Ausblick enthält die tröstliche Botschaft, dass der Kampf des Guten mit dem Bösen durch Jesus Christus bereits entschieden ist. In der Proklamation dieser tröstlichen Botschaft liegt der tiefste Sinn vor allem der Offenbarung des Johannes. In der Situation einer großen Bedrängnis, in der sich die urchristlichen Gemeinden befinden, sendet der Seher Johannes seine Trostschrift, in der er verkündet, dass im Himmel der Kampf bereits entschieden und der Sieg Christi über das Böse schon proklamiert ist.

Persönliche Zuwendung Gottes zum Menschen

Darin liegt aber auch der große Trost für uns Christen heute: In Christus ist der Kampf des Guten mit dem Bösen schon entschieden. An diesem Sieg Christi haben wir Anteil bekommen in unserer Taufe. Denn die Taufe ist der Nachvollzug von Tod und Auferstehung Jesu Christi als seinem Sieg über die Welt. Von daher sind wir in unserem persönlichen Leben berufen, die Taufe, in der uns von Christus her sein Sieg über das Böse zugesprochen ist, immer wieder neu anzunehmen und daraus unsere Konsequenzen zu ziehen. An uns liegt es, das, was von Gott her in der Taufe wirksam geschehen ist, jeden Tag neu zu leben.

Im alltäglichen Leben der Taufe bleibt Gott uns nahe, und zwar jedem einzelnen persönlich. Diese Zusage des uns Menschen zugewandten und menschenfreundlichen Gottes ist die tröstliche Verheißung der Engel. Denn diese sind jene Wesen, mit denen sich der lebendige Gott um den einzelnen Menschen kümmert, wie es Gott selbst verheißt: »Ich werde einen Engel schicken, der dir vorausgeht. Er soll dich auf dem Weg schützen und dich an den Ort bringen, den ich bestimmt habe... Mein Engel wird dir vorausgehen« (Ex 23,20-23a). Es sind die Engel, die uns Gott als Jahwe zeigen, als einen Gott, der mit uns ist und mit uns geht.

Dieses Glaubensgeheimnis in der heutigen Welt zu verkünden ist der Grundauftrag der Kirche, den sie auch und vor allem im Gottesdienst wahrnimmt. Denn in der liturgischen Versammlung der Kirche feiern wir den endgültig-gültigen Sieg Christi und bilden zusammen mit den Engeln im Himmel bereits jetzt eine wahre Gottesdienstgemeinschaft. Der Gottesdienst der Kirche darf sich als Abbild dieser engelgleichen Liturgie des Himmels auf Erden verstehen und sich von ihr zum unverzweckten Lob Gottes anstecken lassen. In der Liturgie werden wir der schlichten Glaubenstatsache inne, dass wir uns bei jedem Gottesdienst mit den himmlischen Chören vereinigen dürfen, damit unsere Liturgie werden kann, wozu sie bestimmt ist: Hineintreten in die himmlische Liturgie und zugleich Zugehen auf die himmlische Liturgie. Der heilige BENEDIKT hat mit Recht in seiner Regel den ersten Vers von Psalm 138 – »Ich will dir danken aus ganzem Herzen, dir vor den Engeln singen und spielen« – dahingehend gedeutet: »Denken wir also darüber nach, wie man im Angesicht der Gottheit und der Engel sein müsse und stehen wir so beim Singen, dass unser Herz im Einklang sei mit unserer Stimme« (Reg. Ben. 19, 57).

Die Kirche schuldet der Welt das Wort vom Kommen Gottes und seines Reiches,
in dessen Licht die Welt der Völker ihrer Verirrungen in der Finsternis der Gottesferne gewahr werden mag.

Wolfhart Pannenberg

20 DAS KOMMENDE REICH
Vom menschlichen Machen und von Gottes Handeln

»Nur das, was wir selbst machen können, verstehen wir aus dem Grund«: Mit diesem philosophischen Grundsatz hat IMMANUEL KANT das Selbstverständnis des neuzeitlichen Menschen programmatisch auf den Begriff gebracht. Denn der moderne Mensch versteht sich als das handelnde Wesen schlechthin, das stets etwas machen muss. Diese Konzentration auf das Machen hat heute weithin auch Einzug in die Kirche gehalten. Wie man etwas macht, ist auch im kirchlichen Leben beinahe zur alles entscheidenden Frage geworden. Man wäre freilich blind, wenn man nicht auch spürbare Gegenreaktionen gegen diese Tendenz des Machens wahrnehmen würde. Die deutlichste besteht in der Hinwendung vieler europäischer Christen und Christinnen nach Asien, wo sie Ruhe und Sammlung, Innerlichkeit und Meditation suchen, weil das Christliche offensichtlich nur noch Aktivismus zu sein scheint. Hinter dieser modisch gewordenen Flucht nach Asien verbirgt sich ein berechtigtes Lebensgefühl, das dem Sein-Dürfen mehr zutraut als allein dem Machen.

Selbstsäkularisierung des Glaubens

Im Allgemeinen wird das Machen auch in der Kirche heute groß geschrieben. Dass der Hauptakzent auf das Handeln der Christen gelegt wird, ist vornehmlich daran ablesbar, dass von den drei Grundfunktionen der Kirche – der Wortverkündigung, dem liturgischen Gotteslob und der geschwisterlichen Solidarität – vor allem die Diakonie betont zu werden pflegt. Dies geschieht teilweise in einem solchen Ausmaß, dass man geradezu von einer »Verdiakonisierung« der Kirche und von einer »Versittlichung« des christlichen Lebens sprechen muss. Mit dieser kritischen Diagnose soll selbstverständlich kein Wort eingelegt werden gegen die diakonische Grundsendung der Kirche. Denn die Kirche kann nie diakonisch genug sein, weil sie mit der diakonischen Weltverantwortung steht oder fällt, wie diese Schicksalsfrage der Kirche vom evangelischen Theologen DIETRICH BONHOEFFER klassisch formuliert worden ist: »Die Kirche ist nur Kirche, wenn sie für andere da ist.«

Kritik ist aber dort anzumelden, wo die Betonung der diakonischen Verantwortung die Kirche in Diakonie auflöst. Dort kommt es zu jener »Selbstsäkularisierung« der Kirche, die der evangelisch-lutherische Bischof von Berlin-Brandenburg, WOLFGANG HUBER, als die Hauptversuchung in den heutigen Kirchen diagnostiziert. In seiner sensiblen Situationsvergewisserung über die evangelischen Kirchen erblickt er das elementare Problem darin, dass die Kirchen in Westeuropa mit ihrer starken Konzentration auf Ethik und Diakonie in der Gefahr stehen, auf die gesellschaftliche Säkularisierung mit einem Prozess der Selbstsäkularisierung und mit einer durchgehenden »Ethisierung der Religion« zu antworten: Die Kirchen »haben den Säkularisierungsprozess in einem Prozess der Selbstsäkularisierung aufgenommen. Die moralischen Forderungen der Religion wurden zum dominierenden Thema; die transmoralischen Gehalte der Religion, die Begegnung mit dem Heiligen, die Erfahrung der Transzendenz traten in den Hintergrund.« Solche Selbstsäkularisierung der Kirche wird vor allem dort auf die Spitze getrieben, wo Christen und Christinnen die

Überzeugung vertreten, die Hauptsendung der Kirche bestehe darin, das von Jesus angesagte Gottesreich nicht bloß zu verkünden und an seinem Kommen mitzuarbeiten, sondern es selbst zu verwirklichen.

Neue Welt – von Gott her

Zu dieser Überzeugung steht die biblische Verkündigung der Gottesherrschaft völlig quer. In der Vision des Propheten Daniel steigen die Weltreiche des Alten Orients eines nach dem anderen aus den Chaoswassern auf: das neubabylonische Reich in der Gestalt eines Löwen mit Adlerflügeln, die Großmacht der Perser in der Gestalt eines Wesens, das einem Bären gleicht, das Reich des Alexander in der Gestalt eines Tieres, das aussieht wie ein Panther, und das Reich der Seleukiden in der Gestalt eines Wesens, das nicht einmal mehr ein Tier ist, sondern eher einer schrecklichen Maschine gleicht. Nach der Beschreibung dieser vier »Tiere« aus dem Meer bringt Daniel einen radikalen Szenenwechsel. Jetzt steht ihm nicht mehr das Meer-Wasser vor Augen, sondern die Wolken des Himmels, auf denen »einer wie ein Menschensohn« daherkommt. Von diesem sagt Daniel: »Er gelangte bis zu dem Hochbetagten und wurde vor ihn geführt. Ihm wurden Herrschaft, Würde und Königtum gegeben. Alle Völker, Nationen und Sprachen müssen ihm dienen. Seine Herrschaft ist eine ewige, unvergängliche Herrschaft. Sein Reich geht niemals unter« (Dan 7,13b-14).

Die Vision des Propheten Daniel zeigt, dass der Kampf um die Macht, den die Völker bis zur Vernichtung gegeneinander führen, erst in jenem Reich beendet sein wird, das Gott selbst errichten und das in Ewigkeit nicht untergehen wird. Daniel bringt diese Überzeugung dadurch zum Ausdruck, dass er das kommende Reich Gottes nicht mehr wie die vorhergehenden Weltreiche durch Tiersymbole, sondern durch das Symbol des Menschen(-sohnes) zeichnet. Denn mit dem Kommen des Menschensohnes gehören alle bisherigen Weltreiche der Vergangenheit an, und es beginnt eine neue Welt. Während in den bisherigen Weltreichen Kräfte am Werk waren, die ungerechte Verhältnisse zementierten und letztlich in den Abgrund führten, beginnt im Reich des Menschensohnes eine Kraft zu wirken, die endlich Menschlichkeit bewirkt.

Während die Politik der Menschen immer tierischen Charakter hat, wird erst die Politik des Menschensohnes wirklich menschlich sein. Mit dem Kontrast zwischen den Tiersymbolen, die die Wappentiere der bisherigen Weltreiche darstellen, und dem Symbol des Menschensohnes, der nicht mehr aus dem Meer aufsteigt, sondern vom Himmel her kommt, verkündet Daniel seinen Glauben daran, dass das Reich Gottes nicht von Menschen hergestellt und gemacht werden kann, sondern dass es wirklich das Reich Gottes ist, das nur von Gott und seinem Menschensohn her kommen kann. Denn das neue Symbolwesen repräsentiert die neue Gesellschaft, die an die Stelle der bisherigen untermenschlichen und bestialischen Gesellschaften treten soll. Diese neue Gesellschaft ist das Gottesreich. Denn erst dort, wo Gott sich durchsetzen kann, wird auch das Menschliche freigesetzt.

Dieselbe Glaubensüberzeugung steht auch im Hintergrund der neutestamentlichen Apokalypsen. Diese reden, wenn sie von der Endzeit handeln, immer wieder von Schrecken und Wirrnissen, von radikalen Umwälzungen und Umorientierungen: »Es wird gewaltige Erdbeben und an vielen Orten Seuchen und Hungersnöte geben; schreckliche Dinge werden geschehen, und am Himmel wird man gewaltige Zeichen sehen« (Lk 21,11). Mit solchen Bildern legen die biblischen Apokalypsen schonungslos offen, dass unter den gegenwärtigen irdischen Bedingungen der Welt und des Menschseins die Vollendung von Welt und Mensch und damit das Reich Gottes eine U-Topie, ein Nicht-Ort, bleiben muss. Sollen Welt und Mensch zur Vollendung gelangen und das Reich Gottes gegenwärtig sein können, dann bedarf es dazu ganz neuer Bedingungen, die allein Gott zu schaffen vermag. Denn das Reich Gottes ist nicht des Menschen Werk, sondern die unableitbare Tat Gottes.

Gleichnisse des kommenden Reiches

Diese unerbittliche Aussicht der biblischen Apokalypsen stellt ohne jeden Zweifel eine große Provokation für die heutigen Menschen und teilweise selbst für die Christen dar, die ins Machen verliebt sind. Tiefer gesehen ist sie aber eine ungemein tröstliche Botschaft, weil sie uns Menschen und Christen von unseren manchmal prometheischen Allmachtsgelüsten befreien will und kann. Sie führt uns vor Augen, dass wir Menschen das Reich Gottes nie schaffen werden. Es verhält sich vielmehr umgekehrt: Menschen oder Gesellschaften, die sich anheischig gemacht haben, das Reich Gottes errichten zu wollen und es auch zu können, haben gewiss Reiche aufgebaut, die sich aber um eine ganze Welt vom Gottesreich unterscheiden.

Unsere menschliche und menschheitliche Geschichte spricht diesbezüglich eine deutliche Sprache: Das Tausendjährige Reich des Nationalsozialismus hat mitnichten das Reich Gottes gebracht, sondern das schiere Gegenteil davon. Aber auch die marxistische Gesellschaft hat uns nicht das Reich Gottes gebracht, sondern uns bloß mit einer neuen Diktatur der Partei und ihrer Klasse versehen. Und überall dort, wo in den vergangenen Jahrzehnten vom »Neuen Menschen« geträumt wurde, war der alte Mensch besonders wirksam. Denn dieser Traum vom »Neuen Menschen« ist im vergangenen Jahrhundert für viele Menschen zum Alptraum geworden. Demgegenüber weiß die biblische Botschaft darum, dass der »neue Mensch« gerade nicht ein Produkt politisch-revolutionärer Anstrengungen sein kann, sondern ein »neues Herz« voraussetzt, das ihm nur Gott einpflanzen kann.

Diese biblische Aussicht ist selbstverständlich in keiner Weise dazu angetan, uns Christen von unserer Verantwortung für die Welt zu entlasten. Sie ruft uns aber in die Erinnerung, dass unsere Verantwortung nicht darin besteht, das Reich Gottes herzustellen und das »Leben in Fülle« herbeizuschaffen. Unsere Aufgabe ist vielmehr, Gleichnisse des Reiches Gottes in der heutigen Welt zu ermöglichen: im Einsatz für den Frieden gegen den Krieg, im Einsatz für Gerechtigkeit gegen Unterdrückung und Ausbeutung, im Einsatz für die Bewahrung der Schöpfung gegen ihre Zerstörung und im Einsatz für eine »Zivilisation des Lebens« gegen die heutige »Kultur des Todes«, die das Gottesrecht auf das Menschenleben, und zwar von der Empfängnis bis zum Tod, nicht mehr akzeptiert.

Auf allen diesen Feldern haben wir Christen heute gewiss alle Hände voll zu tun. Aber es ist heilsam, um die notorischen Grenzen unseres Handelns nüchtern zu wissen, damit wir die elementarste Lektion unseres Glaubens neu buchstabieren können: Das Christentum ist in seinem Kern Glaube an Gott und das Leben einer persönlichen Gottesbeziehung, alles andere folgt daraus. Die dramatischen Entwicklungen zu Beginn des neuen Jahrtausends, die Gewalt der Terrors und der Bürgerkriege, sind auch als Zeichen der Zeit zu verstehen, die nach einer Antwort aus dem Glauben rufen. Diese Antwort kann nur heißen: Gott ist die einzige Wirklichkeit, die kein Terrorismus zerstören und die auch der größte Reichtum der Welt weder kaufen noch verkaufen kann. Diese Botschaft vom »Kommen Gottes und seines Reiches, in dessen Licht die Welt der Völker ihrer Verirrungen in der Finsternis der Gottesferne gewahr werden mag« (WOLFHART PANNEN-BERG) schuldet die Kirche der Welt. Denn die christliche Leidenschaft für Gott schenkt den tragfähigen Trost, dass wir zunächst sein dürfen und dass das Machen erst nachher kommt.

VERWEISE AUF DIE HEILIGE SCHRIFT

IMPULSE ZUR VERTIEFUNG DES GLAUBENS

EBERHARD PRAUSE (Hg.)
Er lasse sein Angesicht über uns leuchten
Kardinäle meditieren Bilder der Sixtinischen Kapelle
2002, 128 Seiten mit zahlreichen Farbbildern, gebunden
ISBN 3-451-27872-3

Ein prächtiger Band, in dem Kardinäle anhand ausgewählter Bilder der
Sixtinischen Kapelle Stellung zu ihrem Glauben beziehen. Mit Beiträgen
der Kardinäle Karl Lehmann, Walter Kasper, Joachim Meisner, Christoph
Schönborn u.a.

CHRISTOPH KARDINAL SCHÖNBORN
Jesus als Christus erkennen
Impulse zur Vertiefung des Glaubens
Herausgegeben von Hubert Philipp Weber
2002, 144 Seiten, gebunden – ISBN 3-451-28012-4

Der Wiener Erzbischof zeigt in zentralen Fragen, was Jesus tat und lehrte
und wie sich der Glaube der Apostel wandelte und in die Gegenwart über-
liefert wurde. Er macht deutlich, wie diese Glaubenstradition der Kirche
zur bereichernden Glaubenserfahrung für jeden Einzelnen hier und heute
werden kann.

JOSEF HERBERG
Die Stunde des Glaubens
Christ sein hier und heute
2002, 160 Seiten, gebunden – ISBN 3-451-27906-1
Es ist Zeit, zu fragen, was wirklich zählt und trägt. Mit diesem Buch kann
es gelingen, den eigenen Stand im Glauben zu finden, eine eigene Sprache
des Glaubens zu sprechen und ihm eine eigene Gestalt im Leben zu geben.

NORBERT SCHOLL
Wenn der Kinderglaube nicht mehr trägt
Von der Sicherheit zum Vertrauen
2002, 176 Seiten, Paperback – ISBN 3-451-27614-3
Ein wohltuender Brückenbau zu einer zeitgemäßen Glaubensreife –
jenseits der Kinderschuhe. Für Christen auf der Suche nach dem Weg
persönlichen, freiheitlichen Glaubens.

In jeder Buchhandlung!

HERDER

SPIRITUALITÄT IM ALLTAG

HENRI J. M. NOUWEN
Dem vertrauen, der mich hält
Das Gebet ins Leben nehmen

2003, 240 Seiten, gebunden – ISBN 3-451-27914-2

Dieses Buch ist die Summe eines Lebens, dem durch die Erfahrungen des Gebets Weisheit und Intuition erschlossen wurden.
Lebensnahe, inspirierende Meditationen, abgerundet durch eine Auswahl von Gebeten Henri Nouwens, die ihnen konkrete Gestalt gibt.

CARLO CARRETTO
Denn du bist mein Vater
Bekenntnis eines Lebens

2003, 192 Seiten, Paperback – ISBN 3-451-27603-8

Gerade heute ist das Lebensbekenntnis Carrettos ein notwendiges, provozierendes Buch: Hier hat sich einer aufgemacht, Aktion und Meditation zu verbinden. Ein faszinierendes Zeugnis heutiger Nachfolge Jesu.

LOUIS DUPRÉ
Ein tieferes Leben
Die mystische Erfahrung des Glaubens

2003, 144 Seiten, Paperback – ISBN 3-451-27873-1

Der Autor legt die Grundpfeiler einer mystischen Spiritualität für die Gegenwart frei: Er versteht und erklärt sie nicht als etwas, das nur im Kloster seinen Ort hätte, sondern als Erfahrungsgestalt des Glaubens selbst, als ein Leben im tieferen Sinn, das Menschen in ganz unterschiedlichen Lebenssituationen zugänglich ist.

PHILIP NEWELL
Mit einem Fuß im Paradies
Die Stufen des Lebens im keltischen Christentum
2003, 128 Seiten, Paperback — ISBN 3-451-27880-4
In der Tiefe jeder Person gibt es einen unverletzbaren Kern, der sie mit
dem Heilen und Heiligen verbindet. Das Buch geht den verschiedenen
Phasen des menschlichen Lebens nach und entfaltet die Eigenart jeder
Lebensstufe mit großem inhaltlichen Reichtum.

In jeder Buchhandlung!

HERDER